新时代创新驱动研究书系

本书得到广西高等学校千名中青年骨干教师培育计划人文社会科学类立项课题（2022QGRW050）、广西哲学社会科学规划课题（21BGL013，21FDJ026）和广西一流学科（应用经济学、统计学）建设项目的支持。

科技政策驱动

企业创新发展研究

邹紫云　杨世信／著

西南财经大学出版社
Southwestern University of Finance & Economics Press
中国·成都

图书在版编目(CIP)数据

科技政策驱动企业创新发展研究/邹紫云,杨世信著.—成都:西南财经
大学出版社,2023.7
ISBN 978-7-5504-5103-2

Ⅰ.①科⋯ Ⅱ.①邹⋯②杨⋯ Ⅲ.①科技政策—作用—企业创新—
研究—广西 Ⅳ.①F279.276.7

中国国家版本馆 CIP 数据核字(2023)第 085252 号

科技政策驱动企业创新发展研究
KEJI ZHENGCE QUDONG QIYE CHUANGXIN FAZHAN YANJIU

邹紫云　杨世信　著

责任编辑:植　苗
责任校对:廖　韧
封面设计:墨创文化
责任印制:朱曼丽

出版发行	西南财经大学出版社(四川省成都市光华村街 55 号)
网　　址	http://cbs.swufe.edu.cn
电子邮件	bookcj@ swufe.edu.cn
邮政编码	610074
电　　话	028-87353785
照　　排	四川胜翔数码印务设计有限公司
印　　刷	四川五洲彩印有限责任公司
成品尺寸	170mm×240mm
印　　张	12.75
字　　数	303 千字
版　　次	2023 年 7 月第 1 版
印　　次	2023 年 7 月第 1 次印刷
书　　号	ISBN 978-7-5504-5103-2
定　　价	78.00 元

前言

党的十八大以来，科技创新作为国家战略被放在国家发展全局的核心位置，创新是引领高质量发展的第一动力已经得到广泛的认同。企业作为科技创新的主体和重要载体，承载着国家高质量发展和民族复兴的重要使命。创新的本质是一种创造性破坏，是生产要素的重新组合，这种创造性的破坏是推动经济增长的原动力。企业的创新活动具有高风险、不确定性和周期长、投入大以及外部性、信息不对称性等特征。在两权分离的企业经营过程中，投入和创新绩效面临明显的委托代理问题，所有者和经营者存在创新动机不一致的情况，将增加这种委托代理的成本。企业创新需要持续的资金投入和充足的创新资源集聚，这样才有可能获得有效的创新产出。企业作为"经济人"的集合体，追求经济利益最大化是企业一切资源配置的基本原则。由于创新需要大量资源投入，且产出具有不确定性，同时，在短期，大规模的创新投入将挤占企业资源投向能够产生明确效益的领域，从而导致大部分企业缺乏创新投资的积极性，特别是在两权分离的现代企业中，经理人面临短期的业绩考核压力，更缺乏将有限资源投资于创新研发的动力，从而抑制了企业的创新发展能力与水平提升，进而导致了短期企业创新研发投入的"市场失灵"。正是基于这样的"市场失灵"，科技政策通常被认为是纠正企业缺乏创新投资积极性的"市场失灵"的有效外部干预。科技政策的政策目标是试图解决科技领域的知识生产和扩散以及应用问题，这些问题主要表现为研发资金如何筹措、使用以及社会资本的配置引导，人才、技术等要素的流转与定价，技术专利的转让与产业化等。由于市场存在逐利性，解决这些问题仅依靠市场力量是不够的，还需要政府科技政策的"帮助之手"以克服"市场失灵"。

当前，我国经济正处于向以创新为驱动、以效率为核心的高质量发展阶段转型，这就要求各类企业也要向以创新为驱动、以效率为核心的高质量发展转型升级。同时，由于资源禀赋、能力条件和规模经济（规模效应）以及市场定位等方面存在差异，不同类型的企业在追求高质量发展的过程中面临外部环境、内部动能以及实现路径等方面的差异，这就要求不同类型的企业要结合自身实际做出不一样的选择，相机抉择①地实现高质量发展。对资源禀赋和能力条件好、规模大的行业龙头企业而言，选择创新驱动以实现高效益与高效率的高质量发展是可行的；但对规模小、资源禀赋差的小微企业而言，创新驱动是否合适值得商榷，或者说如何帮助小微企业具备创新驱动的能力，值得企业界和管理当局高度重视。我国改革开放以来的实践经验和已有文献的研究结论表明，科技政策能够帮助规模小、资源禀赋差的小微企业逐渐获得创新驱动的能力。

科技政策作为公共政策、产业政策的重要组成部分，是政府对经济领域实施公共治理的重要工具。科技政策对企业创新和绩效提升具有显著影响已经得到广泛认可，但也还存在一些"无用论"的质疑。相比理论上对科技政策的有效性存在争议，实践中对科技政策有效性的认识则坚定得多，这也是搁置争议进一步研究科技政策有效性的现实意义所在，尤其需要加强对科技政策的有效性边界和路径机制的探索，特别是在已有文献发现科技政策并不是越多越好、存在适用条件和场景的情况下，需要探索科技政策对企业特别是欠发达少数民族地区的企业创新及绩效的影响及其影响机制。值得一提的是，党的二十大报告对教育、科技、人才进行统筹安排、一体部署，为提升国家创新体系的整体效能指明了方向和路径。奋进新征程、建功新时代、创造新伟业，必须坚持科技是第一生产力、人才是第一资源、创新是第一动力，深入实施科教兴

---

① 相机抉择是指政府为实现宏观调控目标，保证国民经济的正常运行，根据市场情况和特点，机动灵活地采取某种宏观调控措施进行需求管理，保证经济在合理范围内运行的一种方式。

国战略、人才强国战略、创新驱动发展战略，更好发挥教育、科技、人才事业的基础性、战略性支撑作用。科技政策的实施离不开人才，人才的主观能动性决定了科技政策的有效性。因此，人才政策是科技政策的重要组成部分，也是科技政策取得实效的重要基础。同时，科技政策作为一种竞争性工具，具有两面性——既具有激励性又具有限制性。因此，管制政策是从科技政策的限制性视角，讨论科技政策的竞争性带来的副作用。基于此，本书在对科技政策相关内容展开研究的基础上，还对人才政策和管制政策展开研究。

本书在参考已有文献和国内外实践及理论研究经验的基础上，围绕"科技政策能否以及如何驱动企业创新发展？"的核心问题，重点从五个方面展开研究：一是系统分析科技政策驱动企业创新发展的路径机理；二是充分检验科技政策对少数民族地区（以广西壮族自治区为例）科技型小微企业、A股上市公司等企业创新发展的激励效应；三是通过研究监管政策能否驱动市场中介服务企业（以会计师事务所为例）高质量发展，来检验科技政策的市场门槛效应和效率约束效应；四是从资源投入和高管薪酬两个视角研究、检验科技政策驱动企业创新发展的路径机制；五是分别厘清和构建企业创新发展的内生动力机制与外生动力机制以及保障机制。

本书的理论贡献在于五个方面：第一，区别于已有文献仅从财政政策或税收政策、金融政策等单一维度考察科技政策对企业创新绩效的影响，本书将财政政策、金融政策、技术政策和人才政策纳入统一的科技政策框架，探索科技政策四个维度形态（财政政策、金融政策、技术政策和人才政策）分别对企业创新绩效的影响，拓展和丰富了科技政策有效性的研究。第二，区别于已有文献将企业研发投入直接等同于企业创新，基于公共政策具有正向外部性的理论依据，本书将企业的研发投入和内部激励（高管薪酬）纳入外部政策影响企业创新绩效的传导机制，更符合外部公共政策影响企业创新行为的基本逻辑，拓展和丰富了科技政策影响企业创新的路径机制的研究。第三，根据知识生产函数理论的逻辑，企业创新是资源要素投入和制度的函数，已有文献往往忽视了内部激励制度对管理层接受外部公共政策影响具有决定性作用的事实，极少将内部激励纳入科技政策作用于企业创新的传导路径机制框架中，掩盖了现实中科技政策失效的约束条件，或容易夸大科技政策的有效性。本书将研发投入和内部激励同时纳入外部科技政策对企业创新绩效的影响及其影响机制框架，拓展和丰富了该领域的研究。第四，本书充分考虑到科技政策的"双刃剑"功能，既具有"扶持之手"的激励性又具有市场的门槛性，而恰恰是其市场门槛性导致科技政策成为一部分产业企业的市场准入管制制度。因此本书首次从市场门槛性的视角探讨科技政策转变为管制政策后如何影响企业（市场中介服务企业）发展，是对已有科技政策研究的极大丰富和补充。第五，本书系统厘清和构建科技政策驱动企业创新发展的内生动力机制和外生动力机制以及保障机制，为提升科技政策的激励有效性奠定基础。

本书的政策启示在于三个方面：第一，政策制定者要不断完善和拓展科技政策的内容体系，从财政、金融、技术、人才等多个维度支持企业创新。第二，科技政策对企业创新具有正向激励效应，这种正向激励效应需要通过企业增加研发投入和改善内部激励的传导机制来实现，这意味着企业创新是外部政策与企业增加投入和加强内部建设共同作用的结果。缺少前者将导致企业创新投入不足的"市场失灵"，缺少后者则将大大降低科技政策的有效性和企业创新的水平。因此，对科技政策的制定者而言，增加企业研发投入和内部激励条款约束的科技政策将具有更大的正向激励效应。第三，科技政策的激励功能并不具备普适性，它仅对一部分产业企业具有激励性，而对另一部分产业企业则可能具有市场准入的抑制性，导致科技政策变成管制政策。基于此，政策制定者在制定科技政策时应尽可能增强其激励功能的普适性，降低其市场准入阻碍的抑制性，才能提升科技政策的激励有效性。

作者

2023 年 3 月 6 日

目录

第一章　绪论 / 1

　　第一节　研究背景及意义 / 1

　　第二节　研究问题 / 2

　　第三节　研究逻辑与内容框架 / 3

　　第四节　研究贡献 / 4

第二章　科技政策的内涵、制度背景与相关政策体系 / 8

　　第一节　科技政策的内涵 / 8

　　第二节　我国实施科技政策的制度背景 / 9

　　第三节　我国科技政策的相关政策体系 / 11

第三章　科技政策驱动企业创新发展的机理分析 / 20

　　第一节　科技政策对企业创新发展的影响 / 20

　　第二节　科技政策驱动企业创新发展的路径机理 / 22

第四章　国内外科技政策驱动企业创新发展的成功经验 / 29

　　第一节　发达国家的科技政策实践与研究经验 / 29

　　第二节　国内发达地区科技政策实践经验 / 32

　　第三节　国内外科技政策实践经验对广西的启示 / 33

第五章 广西科技型小微企业创新发展调查分析 / 35

第一节 科技型小微企业的界定 / 35

第二节 广西科技型小微企业调查结果分析 / 37

第六章 科技政策驱动企业创新发展的激励效应研究

——基于广西科技型小微企业的调查数据 / 44

第一节 理论分析与假设发展 / 45

第二节 研究设计 / 47

第三节 实证结果分析 / 49

第四节 结论与启示 / 55

第七章 人才政策驱动企业创新发展的激励效应研究

——基于广西科技型小微企业的调查数据 / 57

第一节 理论分析与假设发展 / 58

第二节 研究设计 / 61

第三节 实证结果分析 / 63

第四节 结论与启示 / 67

第八章 科技政策驱动企业创新发展的路径机制研究

——基于创新投入的视角 / 69

第一节 理论分析与假设发展 / 70

第二节 研究设计 / 75

第三节 实证结果分析 / 77

第四节 结论与启示 / 87

第九章　科技政策驱动企业创新发展的路径机制研究

　　　　——基于高管薪酬的视角 / 89

　第一节　理论分析与假设发展 / 90

　第二节　研究设计 / 93

　第三节　实证结果分析 / 96

　第四节　结论与启示 / 105

第十章　管制政策能否助推企业高质量发展

　　　　——基于会计师事务所的视角 / 107

　第一节　中国审计市场政府管制变迁 / 110

　第二节　理论分析与假设发展 / 116

　第三节　研究设计 / 120

　第四节　中国会计师事务所行业的效率现状 / 126

　第五节　实证结果分析 / 128

　第六节　结论与建议 / 142

第十一章　科技政策驱动企业创新发展的内生动力机制 / 145

　第一节　构建企业创新发展内生动力机制的逻辑 / 145

　第二节　企业创新发展的内生动力机制模型 / 146

第十二章　科技政策驱动企业创新发展的外生动力机制

　　　　——基于外部组织模式的视角 / 153

　第一节　文献综述 / 153

　第二节　科技型企业技术创新外部组织模式动态选择模型分析 / 157

　第三节　促进科技型中小企业技术创新的战略选择 / 161

第十三章　科技政策驱动企业创新发展的保障机制 / 164

　　第一节　构建企业创新发展保障机制的逻辑 / 164

　　第二节　企业创新发展的保障机制模型 / 165

第十四章　结论与建议 / 170

　　第一节　研究结论 / 170

　　第二节　政策建议 / 174

参考文献 / 176

附录 / 188

后记 / 195

第一章　绪论

第一节　研究背景及意义

企业是国家经济的主体，企业的创新发展是国家经济高质量发展的基础。大中型企业是国家经济的核心力量，是大国重器创新研发的主要载体，是保障国家经济安全和实现国家战略目标的中流砥柱。中小微企业是企业中具有较高技术水平和较多知识产权的企业，是推动创新发展的重要力量和国家经济发展的基石；中小微企业在增加就业、促进经济增长、科技创新与社会和谐稳定等方面具有不可替代的作用，对国民经济和社会发展具有重要的战略意义。尽管党中央、国务院高度重视企业创新发展，特别针对中小微企业和科技型企业的创新发展，出台了一系列科技政策支持企业创新成长，取得了积极成效。但受制于经营成本、税费成本和融资困难以及国内外复杂多变的经济环境影响，特别是在经济发展水平较低且资源要素少、散的少数民族地区，企业面临创新资金短缺、人力资本积累较少、内生动力机制较弱、外部保障机制失灵等困境，严重制约了这些地区企业的创新发展，导致企业发展存在地区差异和结构性不均衡发展等问题。少数民族地区的企业、A股上市公司以及市场中介服务企业面临不同的创新发展环境，它们对外部政策环境的诉求也存在差异，但是当前我国的科技政策具有统一性，较少考虑不同类型企业的具体诉求，这可能会降低科技政策的有效性。在这样的背景下，本书围绕广西壮族自治区（以下简称"广西"）科技型小微企业、A股上市公司和市场中介服务企业等不同类型企业的创新发展问题，以政府科技政策"扶持之手"为切入点，通过检验科技政策对不同类型企业创新发展的有效性影响及其影响机制，探索科技政策的有效性及其作用以及与不同类型企业的路径机制；并以此为逻辑依据，在总结科技政策助推企业创新发展的国内国际经验的基础上，进一步构建科技政策助推不同企业创新发展的内生动力机制模型和保障机制模型，为科技政策制定者改善和优化科技政策体系与市场治理提供决策参考，也为不同类型的企业加强、改善内部机制建设，优化内部创新资源配置和外部创新资源整合提供决策参考。

第二节　研究问题

帕累托效率理论认为，通过调整组织的资源配置方式和组合，就能做到效率改进，直到实现最优（Pareto，1896；胡寄窗，1988）。X效率理论认为，组织不是一个标准化的机器，而是一个包含人性化的社会人的集合，效率是资源要素投入的直接结果；但是，在既定的资源要素投入水平下，组织的效率取决于组织内的各种运行机制和文化以及受此影响的经理人与员工的努力程度。因此，在一定技术水平和既定的要素资源投入组合及水平条件下，内部机制决定着组织的产出效率（Leibenstein，1966）。创新理论的奠基者熊彼特（1934）认为，创新的本质是一种创造性破坏，是生产要素的重新组合，这种创造性的破坏是推动经济增长的原动力。企业的创新活动具有高风险、不确定性、周期长、投入大以及外部性、信息不对称性等特征，在两权分离的企业经营过程中，投入与创新绩效面临明显的委托代理问题，所有者和经营者存在创新动机的不一致，将提高这种委托代理成本。基于帕累托效率理论和X效率理论以及委托代理理论，本书的研究重点与难点是如何刻画组织特征、掌握关键知识的个体特征在不同的外部条件下如何影响企业创新及其创新路径与机制。

科技政策作为公共政策、产业政策的重要组成部分，是政府对经济领域实施公共治理的重要工具。科技政策对企业创新和绩效具有显著影响已经得到学者们的广泛认可（彭纪生 等，2008；江静，2011；赵莉晓，2014；李万福 等，2016；余明桂 等，2016；郭捷 等，2017；徐喆 等，2017；李春艳 等，2019），但还存在一些"无用论"的质疑（Michael，2009；王俊，2010；李苗苗 等，2014）。相比理论上对科技政策的有效性存在争议，实践中对科技政策有效性的共识则坚定得多，这也是搁置争议进一步研究科技政策有效性的现实意义所在，尤其需要加强对科技政策的有效性边界和路径机制的探索（杨瑞龙 等，2019）。特别是在已有文献发现科技政策并不是越多越好（封颖，2017）、存在适用条件和场景（冯海红 等，2015；黎文靖 等，2016；李万福 等，2017；周燕 等，2019）的背景下，探索科技政策在欠发达少数民族地区对企业创新及绩效的影响及其影响机制，对加快少数民族地区企业创新和经济发展以及社会稳定、民族团结有着重要意义。

本书主要以创新理论、效率理论、组织行为理论、委托代理理论和高阶理论等为基础，结合中国转型经济的制度背景，遵循重点突破的原则，围绕"科技政策能否驱动以及如何驱动企业创新发展"这一根本问题，重点探讨四个研究问题：一是科技政策对少数民族地区企业、A 股上市公司和市场中介服务企业等不同类型企业的创新发展是否具有积极影响？二是科技政策通过何种路径机制影响不同类型企业的创新发展？三是在科技政策的作用下，不同类型企业创新发展的内生动力机制和外生动力机制是什么？四是如何构建企业创新发展的保障机制？

第三节　研究逻辑与内容框架

围绕"科技政策能否驱动以及如何驱动企业创新发展"这一核心问题，本书重点研究四个方面内容：一是明确科技政策的基本内涵，梳理科技政策驱动企业创新发展的制度背景；二是阐述科技政策驱动企业创新发展的理论逻辑与机理；三是从正向对科技政策驱动少数民族地区（以广西为例）科技型小微企业、A 股上市公司等企业创新发展进行实证检验和从反向对监管政策驱动市场中介服务企业（以会计师事务所为例）高质量发展进行实证检验，验证外部政策环境对企业创新发展具有的正向或负向激励效应；四是探讨和构建科技政策驱动企业创新发展的动力机制和保障机制。本书的研究逻辑与内容框架如图 1-1 所示。

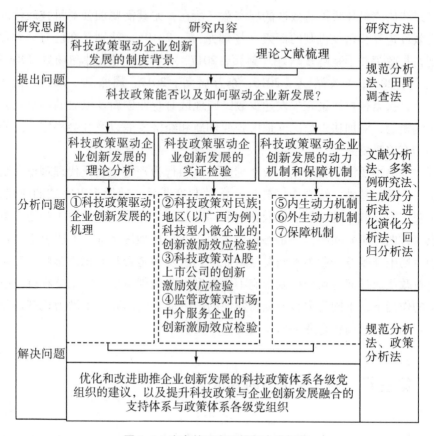

图 1-1　本书的研究逻辑与内容框架

第四节　研究贡献

一、学术贡献

（一）关于科技政策驱动广西科技型小微企业创新发展研究的学术贡献

一是结合科技型小微企业的创新成长需要，完善科技政策评价体系；二是开拓科技政策对科技型小微企业的效用评价和作用机理，以及对科技型小微企业创新成长的内生动力机制与保障机制等领域的研究，为广西的科技型小微企业创新成长提供理论指导；三是综合运用理论研究、实地调查、定量分析等方法，将宏观的国家政策体系溢出效应、中观的产业创新网络协同创新和微观的小微企业内生驱动三者有效联系起来，探索三者之间的良性互动路径、机制、机理等问题。

（二）关于人才政策驱动广西科技型小微企业创新发展研究的学术贡献

第一，人才是企业创新发展最核心的资源，区别于已有文献侧重于关注财政政策、税收政策、金融政策等带来的资金效应，本书更关注人才政策带来的人力资本效应，考察人才政策对企业加强内部激励机制建设的激励，探讨人才政策对企业行为（激励制度机制建设）和经营绩效的影响，拓展和丰富了人才政策有效性的研究文献。第二，已有文献探索公共政策的有效性作用机制主要集中在资金资源投入路径，这种基于资源要素投入的路径机制已经不适合当前我国经济从高速增长向高质量发展转型的实际需要，只有强调人才驱动和完善企业内部激励机制，才能构建企业实现高质量发展的内生动力。本书在探索人才政策作用于企业经营绩效的路径机制时侧重于企业的内部激励，更符合"人—激励—绩效"的基本逻辑，拓展和丰富了该领域的研究成果。

（三）关于科技政策驱动 A 股上市公司创新发展研究的学术贡献

一是能够补充科技政策经济后果的研究文献。以往文献仅限于讨论科技政策与创新投入之间、科技政策与创新产出之间关系的二元框架，忽略了科技政策作为外生的外部因素要通过内部创新投入的行为，才能对企业创新绩效产生影响的传导机理。本书将科技政策、创新投入和创新产出纳入统一的研究框架，系统检验了科技政策及其强度与企业创新投入、企业创新投入与企业创新产出以及科技政策对企业创新产出等之间的关系，拓展和丰富了现有的研究体系。二是丰富了企业创新影响因素的研究文献。已有文献从生产函数出发，认为企业创新是资源投入的函数，将创新投入直接等同于（或约等于）企业创新（唐清泉 等，2009；李万福 等，2016；李万福 等，2017），但这种做法显然无法解释同样的创新投入却有着不同的创新产出的现实现象。三是丰富和拓展了创新投入的影响因素和经济后果的研究。已有文献将创新投入的前因与后果进行割裂研究，本书则基于双链条的理论推演和中介效应的实证检验方法，切入创新投入的中介效应视角，系统分析和检验了我国非金融上市公司对外部公共政策的反应、吸收与转化的传导途径和机理路径，不仅探究创新投入的影响因素，而且在行为动机推演下进一步探讨创新投入的后果，丰富和拓展了创新投入的研究文献。

（四）关于管制政策驱动市场中介服务企业高质量发展研究的学术贡献

第一，依托会计师事务所微观层面的独特人力资源和人力成本投入数据，运用数据包络分析（data envelopment analysis，DEA）方法估计出更为准确、合理的会计师事务所效率值，比现有任何文献都更能反映不同管制程度、内部治理水平、组织形式、总分所和规模的会计师事务所效率现状，揭开了人们一直以来想要掀开却因缺乏微观数据而无法掀开的会计师事务所真实效率的面纱，丰富了关于会计师事务所效率领域的研究文献。第二，在加强审计市场管制与会计师事务所效率关系的背景下，我们研究发现，内部治理对政府管制与会计师事务所效率关系的影响，并不是现有文献所认为的替代作用，而是调节作用，拓展了关于政府管制与效率、内部治理与效率、内部治理与政府管制、效率等领域的研究，为监管部门和会计师事务所的决策提供理论依据与实践指导。第三，拓展了管制经济学理论和公司治理理论在特殊行业（准公共品、高端服务行业）的研究边界，弥补和增加了政府管制、内部治理对会计师事务所效率影响的新文献。

二、实践价值

第一，科技政策能否弥补企业创新过程中的"市场失灵"，关键在于科技政策能否解决企业董事会充分考虑创新活动给企业高管带来的不确定性风险问题，并在薪酬制度安排上给予适当的补偿。做到以上两点，才能激励高管愿意承担创新风险。因此，如果在制定科技政策时能考虑引导企业对高管层进行适当激励，将提升科技政策的有效性。

第二，科技政策的有效性存在边界，因此，如果在制定科技政策时能考虑不同地区在创新资源方面的差异，对不同地区的创新主体给予差异化的科技政策支持，将缓解地区差异对科技政策有效性的影响，从而提升科技政策与企业创新的正向激励效应。

第三，在企业层面，对指导企业如何用好现有政策资源、如何挖掘内外部创新资源、如何创造有利发展环境、如何改进自身发展要素提供实践参考，对促进不同类型企业的创新与高质量发展有较明显的指导意义。

第四，在公共服务与社会管理层面，科技政策是政府管理和服务社会的重要内容，对科技政策所鼓励的产业企业具有激励性，同时对所鼓励的产业企业有较高的市场门槛要求，而正是这些门槛要求，对另一部分产业企业而言则形成市场进入阻碍。基于科技政策的"双刃剑"作用，本书通过分析科技政策对科技型小微企业、A 股上市公司创新发展的作用机理，研究管制政策对市场中介服务企业（会计师事务所）高质量发展的影响及其影响机制。这些研究对政策制定者改进政策选择、优化政策结构组合、提升政府的公共服务水平和管理创新水平具有一定的参考价值。

第二章 科技政策的内涵、
制度背景与相关政策体系

第一节 科技政策的内涵

一、关于科技政策

科技政策属于产业政策的一种形式，而产业政策又是公共政策的重要组成部分（Hall，1993）。科技政策是政府为实现一定目标而实施的推动技术知识的生产、扩散和应用的公共政策的统称（Mane，2012；梁正，2017）。科技政策的目标是解决科技领域的知识生产和扩散以及应用问题，这些问题主要表现为研发资金如何筹措、使用以及社会资本的配置引导，人才、技术等要素的流转与定价，技术专利的转让与产业化等。由于市场存在逐利性，解决这些问题仅依靠市场力量是不够的，还需要政府"帮助之手"以克服"市场失灵"。因此，科技政策所面临的问题在理论上对应的是为解决"市场失灵"而进行公共政策干预，而公共政策的干预由于信息不对称将进一步引出治理失灵；科技政策的工具选择侧重于引导和推动组织加强内部激励机制，减少企业创新的风险，将政策工具内化为企业内在的创新动力（刘凤朝 等，2007；Schot，2014）。目前在理论界和实践界对科技政策尚未形成明确的界定（梁正，2017），学者认为除了包括科技政策、技术政策外，还有支持科学技术发展的"条件政策"（樊春良 等，2013），一般包含科技发展战略、方针，科技发展规划，科学与技术政策，科技事业管理政策及其他相关配套政策（张宝建 等，2019）。

二、科技政策的测量

国内主流文献主要采用文本分析和事件分析的方法，将国家发布的某项重要科技发展规划文件时间作为事件研究的分界或区间，如 2006 年国务院发布的《国家中长期科学和技术发展规划纲要（2006—2020 年）》（简称《规划纲要》）。2006 年作为一个重要的时间节点，现有文献一般将 2006 年以前作为参照期，2006 年之后作为考察期，考察该纲要的实施对企业创新的影响（梁正，2017）。同时，有不少文献将财政补贴、贴息贷款、税收优惠等产业政策视同科技政策，将财政部、国家税务总局、央行以及科技部等部门发布的政策性文件作为测量科技政策的依据（李苗苗 等，2014；冯海红 等，2015），或者以国家经济与社会发展五年规划纲要作为测量依据（余明桂 等，2016；谭劲松 等，2017），测量产业政策对企业创新投入与创新绩效的影响。从政策的实质内容来看，科技政策给企业带来最重要的资源是财政补贴、贴息贷款、税收优惠等具体实惠。因此，在众多科技政策、产业政策、公共政策的实证研究中，相关文献常以财政补贴、贴息贷款、税收优惠等的金额测量政府的政策支持强度（李苗苗 等，2014；冯海红 等，2015；李万福 等，2016；李万福 等，2017；周燕 等，2019）。

第二节　我国实施科技政策的制度背景

企业是提供新增就业岗位的主要渠道，是企业家创业成长的主要平台，是科技创新的重要力量。企业在增加就业、促进经济增长、科技创新与促进社会和谐稳定等方面具有不可替代的作用，对国民经济和社会发展具有重要的战略意义。受国内外复杂多变的经济形势影响，特别是国际金融危机和区域贸易保护主义的影响，小微企业经营压力大、成本上升、融资困难和税费偏重等问题突出，面临着严峻的生存和发展挑战，具体可概括为"两高两难两门"：成本高、税负高；用工难、融资难；"玻璃门""弹簧门"。推动和支持企业创新发展，成为当前我国经济可持续发展和向高质量发展转型的重要支撑，也是实务界和学术界共同关注的焦点、难点问题。

当前，我国经济正向以创新为驱动、以效率为核心的高质量发展阶段转型，这就要求各类企业也要向以创新为驱动、以效率为核心的高质量发展转型升级。同时，由于资源禀赋、能力条件和规模经济以及市场定位等方面存在差异，不同类型的企业在追求高质量发展的过程中面临对外部环境、内部动能以及实现路径等方面的差异，这就要求不同类型的企业要结合自身实际做出不一样的选择，相机抉择地实现高质量发展。对资源禀赋和能力条件好、规模大的行业龙头企业而言，选择创新驱动以实现高效益与高效率的高质量发展是可行的；但对规模小、资源禀赋差的小微企业而言，创新驱动是否合适值得商榷，或者说如何帮助小微企业具备创新驱动的能力，值得企业界和管理当局的高度重视。我国改革开放以来的实践经验和已有文献的研究结论表明，科技政策能够帮助规模小、资源禀赋差的小微企业逐渐获得创新驱动的能力。

小微企业是我国企业金字塔体系中的塔基，数量占企业总数的90%以上。党的十八大报告提出，要提高大中型企业核心竞争力，支持小微企业特别是科技型小微企业发展；继续实施区域发展总体战略，充分发挥各地区比较优势，优先推进西部大开发，全面振兴东北地区等老工业基地，大力促进中部地区崛起，积极支持东部地区率先发展；采取对口支援等多种形式，加大对革命老区、少数民族地区等的扶持力度。党的十八届三中全会提出，必须毫不动摇地鼓励、支持、引导非公有制经济发展，激发非公有制经济活力和创造力。2014年召开的中央经济工作会议认为，新兴产业、服务业、小微企业作用更加凸显，生产小型化、智能化、专业化将成为产业组织新特征；经济增长将更多依靠人力资本质量和技术进步，必须让创新成为驱动发展新引擎。该会议还指出了2015年的工作重点，其中包括：要完善区域政策，促进各地区协调发展、协同发展、共同发展；继续实施西部开发、东北振兴、中部崛起、东部率先的区域发展总体战略，进一步优化经济发展空间格局。广西是我国非常重要且非常特殊的区域：多民族的少数民族地区，相对落后的沿海地区，沿边、沿江、沿海的"三沿"政策和西部大开发政策、北部湾经济区政策等多重政策叠加的地区，但是受基础设施差、环境生态脆弱等限制，现代大型工业没有发展起来，中小企业特别是科技型中小微企业也表现不活跃。这也是本书主要的研究问题：一是如此优越的政策环境，为什么没有促进企业的发展，特别是科技型小微企业的创新发展？二是这么特殊的地区，能否探索出一条不一样的科技型小微企业创新发展路径和政策驱动模式？本书通过梳理和分析当前广西地区的科技政策体系，调查分析广西科技型小微企业的发展现状和问题，按照"改善小微企业的外生机制—提升小微企业的内生机制—促进小微企业的创新发展"的研究思路，探索科技政策体系为主要外部因素的内容、评价体系及其对企业内生机制发挥作用的机理，探索科技型小微企业如何利用科技政策等外部因素提升自身创新能力和核心竞争力等问题，形成外部因素与内部创新发展畅通的互动关系，保证科技型小微企业可持续发展。

A股上市公司一般都是各个产业的龙头企业，是国家经济的核心构成。20世纪90年代初我国设立上海证券交易所和深圳证券交易所以来，国家出台了大量的科技政策鼓励各行各业的优质企业进入证券市场，使我国的证券市场得以快速发展。在证券市场快速发展的过程中，市场中介服务企业如会计师事务所对完善上市公司会计信息披露和提升证券市场信息质量发挥越来越重要的作用，由此国家对其给予极大的政策支持，支持会计师事务所做大做强。

第三节　我国科技政策的相关政策体系

我国支持企业创新发展的科技政策体系如图2-1所示。

一、法律法规体系

法律法规处于国家治理体系的最底层，是国家治理的基石。我国支持企业创新发展的法律法规体系如图2-2所示。在我国众多法律法规中，对科技型小微企业创新影响最大的是《中华人民共和国中小企业促进法》。该法案于2002年6月29日颁布，2017年9月1日修订。该法案第二条指出，中小企业是指在中华人民共和国境内依法设立的，人员规模、经营规模相对较小的企业，包括中型企业、小型企业和微型企业。该法案明确各级政府在财税支持、融资促进、创业扶持、创新支持、市场开拓、服务措施、权益保护等方面的政策支持责任。

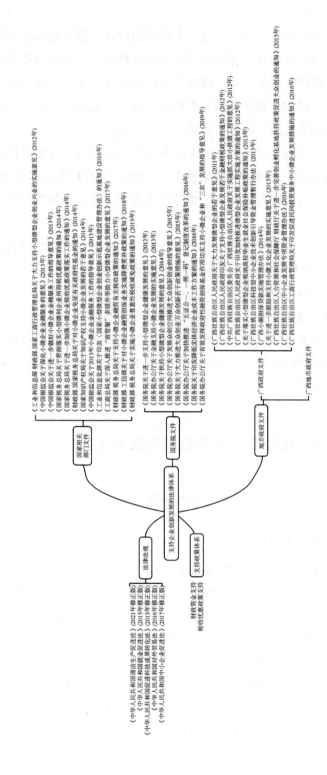

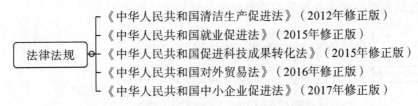

法律法规	《中华人民共和国清洁生产促进法》（2012年修正版）
	《中华人民共和国就业促进法》（2015年修正版）
	《中华人民共和国促进科技成果转化法》（2015年修正版）
	《中华人民共和国对外贸易法》（2016年修正版）
	《中华人民共和国中小企业促进法》（2017年修正版）

图2-2　我国支持企业创新发展的法律法规体系

《中华人民共和国促进科技成果转化法》是一部对科技型小微创新具有重要影响的法律。该法律第二条指出，科技成果是指通过科学研究与技术开发所产生的具有实用价值的成果；职务科技成果是指执行研究开发机构、高等院校和企业等单位的工作任务，或者主要是利用上述单位的物质技术条件所完成的科技成果；科技成果转化是指为提高生产力水平而对科技成果所进行的后续试验、开发、应用、推广直至形成新技术、新工艺、新材料、新产品以及发展新产业等活动。该法案规定了加快科技成果转化的政府责任和具体支持政策，国务院和地方各级政府对科技成果转化合理安排财政资金投入，引导社会资金投入，推动科技成果转化资金投入的多元化；国务院和地方各级人民政府应当加强科技、财政、投资、税收、人才、产业、金融、政府采购、军民融合等政策协同，为科技成果转化创造良好环境；地方各级人民政府根据本法规定的原则，结合本地实际，采取更加有利于促进科技成果转化的措施。

二、制度文件体系

在国务院支持小微企业发展的制度体系中，《国务院关于进一步促进中小企业发展的若干意见》对中小企业发展环境、缓解中小企业融资困难、加大财税扶持力度、加快中小企业技术进步和结构调整、支持中小企业开拓市场与改进服务以及管理水平等方面做了统一部署，对形成全国上下支持中小企业健康发展起统领推进的作用。在该文件的引领下，国务院陆续发布《国务院办公厅关于金融支持小微企业发展的实施意见》《国务院关于扶持小型微型企业健康发展的意见》《国务院关于促进融资担保行业加快发展的意见》《国务院办公厅关于有效发挥政府性融资担保基金作用切实支持小微企业和"三农"发展的指导意见》《中共中央办公厅 国务院办公厅关于促进中小企业健康发展的指导意见》等多个制度文件，进一步落实缓解中小微企业融资困难、支持中小微企业创新发展的支持政策。

国务院支持小微企业发展的重要制度文件如图 2-3 所示。

国务院文件	《国务院关于进一步支持小型微型企业健康发展的意见》（2012年） 《国务院办公厅关于金融支持小微企业发展的实施意见》（2013年） 《国务院关于扶持小型微型企业健康发展的意见》（2014年） 《国务院办公厅关于发展众创空间推进大众创新创业的指导意见》（2015年） 《国务院关于大力推进大众创业万众创新若干政策措施的意见》（2015年） 《国务院办公厅关于加快推进"五证合一、一照一码"登记制度改革的通知》（2016年） 《国务院关于印发降低实体经济企业成本工作方案的通知》（2016年） 《国务院办公厅关于有效发挥政府性融资担保基金作用切实支持小微企业和"三农"发展的指导意见》(2019年)

图 2-3　国务院支持小微企业发展的重要制度文件

为贯彻落实《中华人民共和国中小企业促进法》和《国务院关于进一步促进中小企业发展的若干意见》，国务院各部门出台了多项制度文件，确保推动中小微企业创新发展的各项法律、规定和制度文件得到贯彻落实。例如，2011 年工业和信息化部、国家统计局、国家发展和改革委员会、财政部共同制定了《关于印发中小企业划型标准规定的通知》，2017 年发布了新的企业划定标准——《统计上大中小微型企业划分办法》。又例如，2011 年财政部、工业和信息化部制定了《政府采购促进中小企业发展暂行办法》，破除政府采购活动中对企业规模的歧视壁垒，并强调在政府采购中预留预算总额的 30% 以上用于面向中小企业采购，其中预留给小型企业和微型企业的比例不低于 60%；同时，对小型企业产品和微型企业产品的价格给予 6%~10% 的扣除。统计上大中小微型企业划分标准（2017）见表 2-1。

表 2-1　统计上大中小微型企业划分标准（2017）

行业名称	指标名称	计量单位	大型	中型	小型	微型
农林牧渔业	营业收入(Y)	万元	$Y \geqslant 20\,000$	$500 \leqslant Y < 20\,000$	$50 \leqslant Y < 500$	$Y < 50$
工业	从业人员(X)	人	$X \geqslant 1\,000$	$300 \leqslant X < 1\,000$	$20 \leqslant X < 300$	$X < 20$
	营业收入(Y)	万元	$Y \geqslant 40\,000$	$2\,000 \leqslant Y < 40\,000$	$300 \leqslant Y < 2\,000$	$Y < 300$
建筑业	营业收入(Y)	万元	$Y \geqslant 80\,000$	$6\,000 \leqslant Y < 80\,000$	$300 \leqslant Y < 6\,000$	$Y < 300$
	资产总额(Z)	万元	$Z \geqslant 80\,000$	$5\,000 \leqslant Z < 80\,000$	$300 \leqslant Z < 5\,000$	$Z < 300$
批发业	从业人员(X)	人	$X \geqslant 200$	$20 \leqslant X < 200$	$5 \leqslant X < 20$	$X < 5$
	营业收入(Y)	万元	$Y \geqslant 40\,000$	$5\,000 \leqslant Y < 40\,000$	$1\,000 \leqslant Y < 5\,000$	$Y < 1\,000$
零售业	从业人员(X)	人	$X \geqslant 300$	$50 \leqslant X < 300$	$10 \leqslant X < 50$	$X < 10$
	营业收入(Y)	万元	$Y \geqslant 20\,000$	$500 \leqslant Y < 20\,000$	$100 \leqslant Y < 500$	$Y < 100$

表2-1(续)

行业名称	指标名称	计量单位	大型	中型	小型	微型
交通运输业	从业人员(X)	人	$X \geq 1\,000$	$300 \leq X < 1\,000$	$20 \leq X < 300$	$X < 20$
	营业收入(Y)	万元	$Y \geq 30\,000$	$3\,000 \leq Y < 30\,000$	$200 \leq Y < 3\,000$	$Y < 200$
仓储业	从业人员(X)	人	$X \geq 200$	$100 \leq X < 200$	$20 \leq X < 100$	$X < 20$
	营业收入(Y)	万元	$Y \geq 30\,000$	$1\,000 \leq Y < 30\,000$	$100 \leq Y < 1\,000$	$Y < 100$
邮政业	从业人员(X)	人	$X \geq 1\,000$	$300 \leq X < 1\,000$	$20 \leq X < 300$	$X < 20$
	营业收入(Y)	万元	$Y \geq 30\,000$	$2\,000 \leq Y < 30\,000$	$100 \leq Y < 2\,000$	$Y < 100$
住宿业	从业人员(X)	人	$X \geq 300$	$100 \leq X < 300$	$10 \leq X < 100$	$X < 10$
	营业收入(Y)	万元	$Y \geq 10\,000$	$2\,000 \leq Y < 10\,000$	$100 \leq Y < 2\,000$	$Y < 100$
餐饮业	从业人员(X)	人	$X \geq 300$	$100 \leq X < 300$	$10 \leq X < 100$	$X < 10$
	营业收入(Y)	万元	$Y \geq 10\,000$	$2\,000 \leq Y < 10\,000$	$100 \leq Y < 2\,000$	$Y < 100$
信息传输业	从业人员(X)	人	$X \geq 2\,000$	$100 \leq X < 2\,000$	$10 \leq X < 100$	$X < 10$
	营业收入(Y)	万元	$Y \geq 100\,000$	$1\,000 \leq Y < 100\,000$	$100 \leq Y < 1\,000$	$Y < 100$
软件和信息技术服务业	从业人员(X)	人	$X \geq 300$	$100 \leq X < 300$	$10 \leq X < 100$	$X < 10$
	营业收入(Y)	万元	$Y \geq 10\,000$	$1\,000 \leq Y < 10\,000$	$50 \leq Y < 1\,000$	$Y < 50$
房地产开发经营	营业收入(Y)	万元	$Y \geq 200\,000$	$1\,000 \leq Y < 200\,000$	$100 \leq Y < 1\,000$	$Y < 100$
	资产总额(Z)	万元	$Z \geq 10\,000$	$5\,000 \leq Z < 10\,000$	$2\,000 \leq Z < 5\,000$	$Z < 2\,000$
物业管理	从业人员(X)	人	$X \geq 1\,000$	$300 \leq X < 1\,000$	$100 \leq X < 300$	$X < 100$
	营业收入(Y)	万元	$Y \geq 5\,000$	$1\,000 \leq Y < 5\,000$	$500 \leq Y < 1\,000$	$Y < 500$
租赁和商务服务业	从业人员(X)	人	$X \geq 300$	$100 \leq X < 300$	$10 \leq X < 100$	$X < 10$
	资产总额(Z)	万元	$Z \geq 120\,000$	$8\,000 \leq Z < 120\,000$	$100 \leq Z < 8\,000$	$Z < 100$
其他未列明行业	从业人员(X)	人	$X \geq 300$	$100 \leq X < 300$	$10 \leq X < 100$	$X < 10$

三、政策措施体系

党的十九大报告指出，创新是引领发展的第一动力，是建设现代化经济体系的战略支撑。加强对企业创新的支持，特别是对中小企业创新的支持，不仅关系到企业创新和可持续稳定发展，还对推动产业发展和经济增长具有显著的积极作用（孟繁瑜 等，2019）。科技政策是支持企业创新的一系列政策的统称，包括支持企业创新的财政政策、金融政策、技术政策、人才政策等具体政策（樊春良，2017）。科技政策作为政府"干预"企业创新市场的重要工具手段，能够使企业摆脱创新资源不足的困境，引导企业增加创新资源投入，提升企业乃至全社会的创新绩效。因此，科技政策成为各国政府调节企业创新过程中创新动力与创新投入不足的首选工具（徐喆 等，2017）。我国支持中小微企业创新发展的政策体系包括国家层面的支持政策和地方层面的支持与配套政策。

（一）国家层面的支持政策

1. 减免相关税费政策

财政部、国家税务总局通过免征一般小微企业有关政府性基金①、实施普惠性税收减免政策②等政策措施，对小微企业的教育费附加、地方教育附加、水利建设基金、文化事业建设费、残疾人就业保障金以及小规模纳税人的增值税、所得税、资源税、城市维护建设税、房产税、城镇土地使用税、印花税（不含证券交易印花税）、耕地占用税和教育费附加、地方教育附加等进行大幅度减免；同时，对金融机构③向农户、小型企业、微型企业及个体工商户发放小额贷款取得的利息收入免征增值税，并对中小微企业实施减税降费④，缓解融资难、融资贵和资金短缺的问题。

2. 税前抵扣政策

财政部、国家税务总局对金融机构涉农贷款和中小企业贷款按不同风险分类计提的贷款损失准备金实施税前抵扣⑤，鼓励和支持金融机构为中小微企业和涉农企业贷款，缓解该类企业的融资压力。财政部、国家税务总局、科学技术部进一步提高科技型中小企业研究开发费用税前加计扣除比例⑥，未形成无形资产计入当期损益的研发支出，按照实际发生额的175%在税前加计扣除；形成无形资产的，按照无形资产成本的175%在税前摊销，激励中小企业加大研发投入力度、加快创新发展。

3. 财政支持政策

国家对中小微企业创新发展的财政支持包括直接支持和间接支持的方

---

① 参见《财政部 国家税务总局关于对小微企业免征有关政府性基金的通知》。

② 参见《财政部 税务总局关于实施小微企业普惠性税收减免政策的通知》。

③ 参见《财政部 税务总局关于支持小微企业融资有关税收政策的通知》《财政部 工信部关于对小微企业融资担保业务实施降费奖补政策的通知》。

④ 参见《国家发展改革委 财政部关于降低住房转让手续费受理商标注册费等部分行政事业性收费标准的通知》《财政部 国家税务总局关于对小微企业免征有关政府性基金的通知》《国家质量监督检验检疫总局关于贯彻落实国家停征和免征行政事业性收费政策有关工作的通知》。

⑤ 参见《关于金融企业涉农贷款和中小企业贷款损失准备金税前扣除有关问题的通知》。

⑥ 参见《财政部 税务总局 科技部关于提高科技型中小企业研究开发费用税前加计扣除比例的通知》。

式。在直接支持方面，政府部门通过设立各种专项资金、产业引导基金等方式对中小微企业进行资助，如设立《中小企业发展专项资金》《外经贸发展专项资金管理办法》等。在间接支持方面，政府部门从吸引大学生就业[1]、劳动密集型小企业小额担保贷款贴息[2]、减免小型微型企业免征残疾人就业保障金[3]等方面对小微企业进行支持。

4. 融资支持政策

政府通过设立企业信贷引导专项资金、为劳动密集型小企业小额担保贷款贴息[4]、实施创业担保贷款支持创业就业[5]、设立风险补偿专项资金[6]等方式支持中小微企业融资。

国家相关部门出台的支持政策见图 2-4。

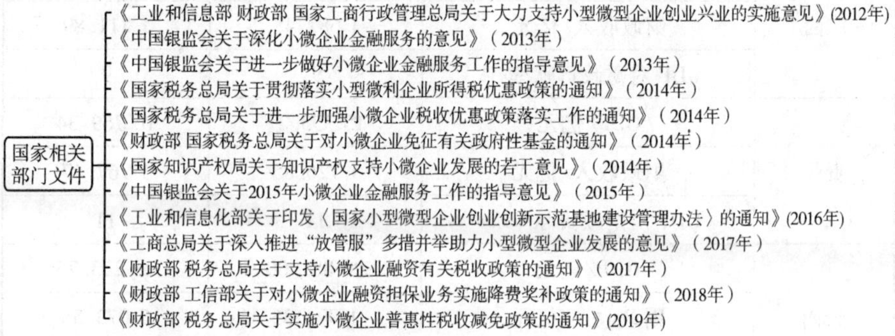

国家相关部门文件
- 《工业和信息部 财政部 国家工商行政管理总局关于大力支持小型微型企业创业兴业的实施意见》(2012年)
- 《中国银监会关于深化小微企业金融服务的意见》（2013年）
- 《中国银监会关于进一步做好小微企业金融服务工作的指导意见》（2013年）
- 《国家税务总局关于贯彻落实小型微利企业所得税优惠政策的通知》（2014年）
- 《国家税务总局关于进一步加强小微企业税收优惠政策落实工作的通知》（2014年）
- 《财政部 国家税务总局关于对小微企业免征有关政府性基金的通知》（2014年）
- 《国家知识产权局关于知识产权支持小微企业发展的若干意见》（2014年）
- 《中国银监会关于2015年小微企业金融服务工作的指导意见》（2015年）
- 《工业和信息化部关于印发〈国家小型微型企业创业创新示范基地建设管理办法〉的通知》(2016年)
- 《工商总局关于深入推进"放管服"多措并举助力小型微型企业发展的意见》（2017年）
- 《财政部 税务总局关于支持小微企业融资有关税收政策的通知》（2017年）
- 《财政部 工信部关于对小微企业融资担保业务实施降费奖补政策的通知》（2018年）
- 《财政部 税务总局关于实施小微企业普惠性税收减免政策的通知》(2019年)

图 2-4　国家相关部门出台的支持政策

（二）地方层面的支持政策

由于地方政府存在经济发展考核目标压力和政府官员晋升压力，地方政府具有支持微观企业创新发展的内在动力（周黎安，2017）。但是，对

---

① 参见《关于落实小型微型企业吸纳高校毕业生就业社会保险补贴政策的通知》。

② 参见《财政部 人力资源社会保障部 中国人民银行关于加强小额担保贷款财政贴息资金管理的通知》。

③ 参见《中国残联关于贯彻落实〈国务院关于扶持小型微型企业健康发展的意见〉的通知》。

④ 参见《财政部 人力资源社会保障部 中国人民银行关于加强小额担保贷款财政贴息资金管理的通知》《财政部 国家民委 中国人民银行关于印发〈民族贸易和民族特需商品生产贷款贴息管理暂行办法〉的通知》。

⑤ 参见《中国人民银行 财政部 人力资源社会保障部关于实施创业担保贷款支持创业就业工作的通知》。

⑥ 参见《国务院办公厅关于金融支持经济结构调整和转型升级的指导意见》《国务院办公厅关于金融支持小微企业发展的实施意见》。

地方政府而言，由于缺乏税收政策的自由裁量权，地方政府可以选择的政策工具并不多，只有财政政策这一个工具可以使用，地方层面的政策支持体系存在显著的结构性问题，这种结构性问题带来的不利后果在财政状况一般的地方更加明显。广西作为欠发达地区，其政府的财政状况并不乐观，相比云南、贵州两省，广西的财政状况更差（见表2-2）。因此，广西壮族自治区政府对中小微企业创新发展的支持主要采用财政支持的手段（见图2-5），且这种支持力度还不够。

表2-2　广西、贵州、云南财政状况比较

地区	项目	2018 年	2019 年
广西	GDP/亿元	19 627.81	21 237.14
	财政收入/亿元	1 681.48	1 811.89
	GDP 对财政贡献率/%	9	9
贵州	GDP/亿元	15 353.21	16 769.34
	财政收入/亿元	1 726.85	1 767.47
	GDP 对财政贡献率/%	11	11
云南	GDP/亿元	20 881.00	23 223.75
	财政收入/亿元	1 994.35	2 073.56
	GDP 对财政贡献率/%	10	9

地方政府文件
- 广西政府文件
  - 《广西壮族自治区人民政府关于大力发展微型企业的若干意见》（2011年）
  - 《广西壮族自治区人民政府印发关于支持小型微型企业发展若干金融财税政策的通知》（2012年）
  - 《中共广西壮族自治区委员会 广西壮族自治区人民政府关于实施抓大壮小扶微工程的意见》（2012年）
  - 《广西壮族自治区人民政府关于印发加快推进微型企业发展工程实施方案的通知》(2012年)
  - 《关于落实小型微型企业吸纳高校毕业生就业社会保险补贴政策的通知》（2013年）
  - 《广西壮族自治区科技型中小企业技术创新引导资金管理暂行办法》（2013年）
  - 《广西小额担保贷款实施管理办法》（2014年）
  - 《关于进一步鼓励和支持小微文化企业发展的实施意见》（2015年）
  - 《广西壮族自治区人力资源和社会保障厅 财政厅关于进一步完善创业孵化基地扶持政策促进大众创业的通知》（2015年）
  - 《广西壮族自治区中小企业发展专项资金管理办法》（2016年）
  - 《广西壮族自治区工商行政管理局关于印发促进民间投资服务中小微企业发展措施的通知》（2016年）
- 广西地市政府文件

图2-5　广西壮族自治区政府支持中小微企业创新发展的政策体系

在图 2-5 的政策体系中，大部分是指导性制度文件，如《广西壮族自治区人民政府关于大力发展微型企业的若干意见》等；只有小部分是实质性支持政策。在实质性支持政策中包括两部分，一部分是在国家层面的支持政策配套，另一部分是结合广西的经济发展需要实施的政策。

在财政直接支持和为减轻企业税费负担方面，广西壮族自治区政府出台了一系列政策措施，如设立中小企业发展专项资金①，支持广西外经贸发展专项资金②；实施小微企业就业补贴，降低小微企业养老保险和社会保险费率③；减免小微企业残疾人就业保障金等。在贯彻落实国家关于对小微企业所得税、营业税的减免优惠方面，广西壮族自治区政府做了大量的支持工作，如调整增值税与营业税起征点④等。在支持小微企业融资和技术创新方面，广西壮族自治区政府也出台了一系列措施，如设立政府担保专项资金⑤和信贷信贷资金⑥以及技术创新资金⑦等。

---

① 参见《关于印发广西壮族自治区中小企业发展专项资金管理办法的通知》。
② 参见《广西外经贸发展专项资金管理实施细则（暂行）》。
③ 参见《关于服务业小微企业缴纳社会保险费有关问题的通知》《广西壮族自治区人民政府关于降低实体经济企业成本若干措施的意见》。
④ 参见《广西壮族自治区国家税务局 广西壮族自治区地方税务局关于调整我区增值税和营业税起征点的通知》和《广西壮族自治区财政厅 广西壮族自治区国家税务局 广西壮族自治区地方税务局关于提高我区房屋租赁等财产性收入营业税起征点的通知》。
⑤ 参见《广西小额担保贷款实施管理办法》《广西壮族自治区人民政府办公厅关于开展小额贷款保证保险试点工作的实施意见》。
⑥ 参见《广西壮族自治区中小工业企业信贷引导资金管理办法》。
⑦ 参见《广西壮族自治区科技型中小企业技术创新引导资金管理暂行办法》。

第三章 科技政策驱动企业创新发展的机理分析

第一节 科技政策对企业创新发展的影响

一、已有研究回顾

在主流文献中，科技政策与支持企业创新发展的产业政策、公共政策是等价的。由于科技政策的识别和获取比较困难，主流文献在实证研究中通常选取产业政策或公共政策作为替代。现有关于政策对企业创新影响的研究主要包括以下三类：

第一类研究是探索科技政策有效性评价，回答"科技政策是否有用？"和"如何评价？"的问题，主要目标就是构建合理评价科技政策、产业政策、公共政策的评价指标体系（彭纪生 等，2008；赵莉晓，2014；徐喆等，2017；李春艳 等，2019）。如赵莉晓（2014）基于政策制定、执行与效果评价的逻辑，构建了公共政策全过程评估理论框架。

第二类研究是探索科技政策对企业创新的影响，回答"科技政策对企业创新有何影响？"的问题。李苗苗等（2014）的研究发现，财政政策对企业研发投入和技术创新能力具有抑制作用。冯海红等（2015）的研究发现，税收优惠政策与企业研发投资之间存在倒"U"形关系。黎文靖和郑曼妮（2016）的研究发现，财政补贴、税收优惠等产业政策对企业创新产出具有积极作用，但是这种积极作用存在策略性创新的嫌疑，即企业创新产出的增加仅在于非发明专利申请的增加，而不是发明专利申请，特别是企业对获取更多的财政补贴、税收优惠预期更强、政策激励强度越强时。

这表明，产业政策激励了企业创新过程中的机会主义行为。余明桂等（2016）的研究发现，产业政策对企业创新产业具有正向促进作用，特别是在非国有企业中更为明显。李万福和杜静（2016）的研究发现，税收优惠具有正向激励企业研发的效应，但这一正向激励效应随着调整成本的增加而逐渐减弱，并且这种激励效应在非国有企业中更为显著。李万福等（2017）的研究发现，政府支持企业创新的财政补贴显著提升了企业的研发投入，但是企业的研发投入主要来源于政府的补贴支持，表明财政补贴并不能激励企业增加自主研发投入，财政补贴对企业自主研发投入存在"挤出效应"。谭劲松等（2017）的研究发现，产业政策对企业创新投入具有正向激励作用。周燕和潘遥（2019）的研究发现，财政补贴的获得是建立在市场竞争之前的收入再分配基础上的，增加了市场的交易成本，扭曲了市场竞争，从而降低了政策对企业创新发展的促进作用。相比而言，税收优惠政策是企业的产品经过市场检验后才获得的激励，激励了企业正常的市场竞争，从而更能促进企业的创新发展。

第三类研究是探索科技政策影响企业创新路径机制，回答"科技政策如何影响企业创新？"的问题。尽管周燕和潘遥（2019）的研究提到，产业政策通过影响市场的交易成本，从而影响产业政策对企业创新发展的激励效应，但该研究并没有具体测量交易成本，也就没有获得实证的证据。仅有少量研究对此进行了实证探索。如张同斌和高铁梅（2012）的研究发现，相比税收优惠政策而言，财政政策更能促进高新技术产业的发展；同时，财政政策通过提升企业研发支出，从而提升企业的创新产出；而税收优惠通过降低价格，从而提升高校技术产业的创新发展。李晨光和张永安（2015）的研究发现，科技政策通过提升企业的创新投入，从而提升企业的创新能力和创新产出。

二、研究评述

近年来，学术界开始反思现有的政策研究范式。杨瑞龙和侯方宇（2019）认为，产业政策对企业创新发展存在"促进论""抑制论"和"无用论"的差异性争论，导致人们的认知还停留在"产业政策是否有效"的争论中，是时候探索"产业政策在什么时候有效"的问题了。该研究认为，产业政策是否有效依赖于四个约束条件：一是政府与企业的目标函数不一致时，政府对产出价值的评价；二是政府对专用性人力资本的投资；

三是产权保护制度基础；四是政府干预市场的程度。尽管学术界对科技政策支持企业创新发展的研究取得丰硕成果，但对科技政策作用于企业创新发展的机制和路径探讨缺乏特定的场景，导致人们对科技政策对企业创新的影响结论并不一致，对其影响路径及机理更不清楚。特别是针对不同企业内部特征的差异，有可能导致外部政策要素在内部转化过程中存在程度和路径上的差异，从而降低了科技政策的实际效用和理论指导的实践效用。也正因如此，现有的研究争论为本书的创新研究提供了机会。本书摒弃已有研究侧重检验科技政策对企业创新的影响，而是重点探索外部政策有可能通过企业内部个体的人力资本特征、组织的运营机制特征等发生中介和路径传导作用，探索这种中介和路径传导作用有可能受到企业所面临的政府管制、金融市场发展等外部环境的约束与调节，由此构成自身的核心研究内容。

第二节　科技政策驱动企业创新发展的路径机理

一、科技政策影响企业创新的机理

科技政策作为提升企业创新能力的重要政策工具之一，在世界各国企业创新实践中都取得了显著成效。但是，关于科技政策的有效性问题，理论界和实务界一直存在不同的声音。一种观点认为，科技政策对企业创新具有正向激励效应，即"有效论"（江静，2011；李万福 等，2016）；另一种观点认为，科技政策对企业自主创新不仅无效，反而阻碍、抑制企业的自主创新，即"抑制论"（Michael et al.，2009；王俊，2010；李苗苗 等，2014）；还有一种观点认为，科技政策对企业自主创新的正向激励效应只有在一定范围内成立，超过一定范围将引发企业的机会主义，从而导致科技政策的无效，甚至适得其反，即"适度有效论"（冯海红 等，2015；黎文靖 等，2016；李万福 等，2017；周燕 等，2019）或"无效论"（陈林 等，2008）。关于科技政策如何作用于企业创新的理论机制，"有效论"认为，科技政策能够为企业创新增加创新资源，向市场释放政府信任和扶持的信号，从而弥补企业自主创新过程中可能存在的创新知识泄露而导致的"市场失灵"问题（江静，2011）；"抑制论"认为，科技政策可能存在挤出企业自身的创新投入，从而阻碍企业的自主创新行为

（李苗苗 等，2014）。已有文献关于科技政策有效性研究结论的不一致性，导致人们对科技政策的积极意义存在认知模糊和误区，加深了政策制定者左右为难的窘境；同时，已有文献极少探讨科技政策作用于企业创新的作用机理，实证检验科技政策作用于企业创新传导机制的文献则更少，降低了人们对科技政策在实践中的有效性的认识。

创新理论的创始人约瑟夫·熊彼特（1934）认为，企业创新是资源要素投入的函数，是生产要素的重新组合。生产函数理论认为，企业创新是资金、人力资源等资源投入的函数（朱平芳 等，2003；吴延兵，2006）。企业的资源要素投入一般包括资金、人力等研发投入和内部激励制度。因此，基于资源投入的视角，科技政策的作用与企业创新成长的路径机制至少应包含两个，即基于显性的资源投入（研发投入）的路径机制和基于隐性的资源投入（内部激励）的路径机制，由此构建科技政策驱动科技型企业创新成长的理论模型（见图3-1）。

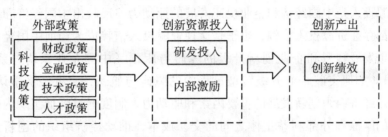

图 3-1　理论模型示意

二、科技政策作用于科技型小微企业创新发展的路径之一：创新投入的中介效应

企业创新是一项不确定性高、风险高的投资活动，需要持续的资金投入和充足的创新资源集聚才有可能获得有效的创新产出。短期内大规模的创新投入将挤占企业资源投向能够产生明确效益的领域，从而导致大部分企业缺乏创新投资的积极性；特别是在两权分离的现代企业中，经理人面临短期的业绩考核压力，更缺乏创新研发投资的积极性，从而抑制了企业的创新发展能力与水平提升，导致了短期企业创新投入的"市场失灵"。政府通过财政、税收、金融、人才等政策手段将企业创新过程中最为短缺的资源要素（如研发财政补贴）直接输入创新企业，或引导资源要素（如融资优惠）向创新企业流动，目的是弥补企业创新积极性不够、创新投入

不足的"市场失灵"问题。因此，财政政策通常被认为是纠正企业缺乏创新投资的"市场失灵"的有效外部干预（张杰 等，2015；张帆 等，2018）。为了提高财政政策带来的创新资源的利用率，政府一般都对财政政策受益企业设置了一定的约束条件。比如，规定财政政策受益企业配套相应的创新投入，以调动企业加大创新投入力度；同时，财政补贴政策通过提高边际收益，促进创新企业增加创新投入；税收优惠和融资优惠等政策通过降低成本，促进创新企业增加创新投入（张帆 等，2018）。科技政策也由此真正成为"帮助之手"，科技政策的实施能够促进企业增加创新资源投入。

传统经济学效率理论认为，经济组织的绩效依赖于资源要素投入与配置；企业创新是资源要素投入的函数，是生产要素的重新组合（胡寄窗，1988）。知识生产函数理论认为，企业创新是资金、人力资源等创新投入和内部激励制度等资源要素投入的函数（吴延兵，2006）。劳动力和资本等资源投入是中国经济和企业快速发展的原动力，反映出中国经济和企业发展都存在资源投入依赖，也正是这种资源投入依赖成为当前中国经济向高质量发展转型和企业创新升级的障碍与瓶颈（中国企业家调查系统，2015）。如何突破企业升级转型过程中的障碍与瓶颈，制度经济学认为，制度是经济组织创新发展的重要因素和驱动力，制度通过降低组织内个体之间的摩擦和外部利益主体之间的交易成本，推动经济组织的创新发展（黄凯南 等，2018）。由此可见，以创新投入和内部激励制度为核心的资源要素投入是当前中国企业创新的基础，以至于不少文献直接以创新投入衡量企业创新（唐清泉 等，2009）。研究表明，企业创新投入与企业的技术创新效率显著正相关（王惠 等，2016），创新投入强度与企业创新绩效显著正相关（戴小勇 等，2013）。因此，企业创新资源投入的增加能够显著提升企业的创新产出和创新效率。

财政政策的政策目标是试图解决科技领域的知识生产和扩散以及应用问题，这些问题主要表现为研发资金如何筹措、使用以及社会资本的配置引导，人才、技术等要素的流转与定价，技术专利的转让与产业化等。由于市场存在逐利性，解决这些问题仅依靠市场力量是不够的，还需要政府"帮助之手"以克服"市场失灵"。财政政策的"帮助之手"如何发挥作用，以帮助企业提升创新能力和创新？对于这一路径机制问题现有文献探讨较少，且结论存在较大冲突。财政政策的"帮助之手"如何发挥作用，以帮助企业提升创新能力和创新？对于这一路径机制问题现有文献探讨较少，且结论存在较大差异。少量研究认为，财政政策通过降低市场交易成本（周燕 等，2019）促进了企业创新投入（李苗苗 等，2014），从而达到促进企业创新的目的，可惜并未获得充分的实证证据支持。李苗苗等（2014）基于216家战略性新兴产业上市公司的研究发现，财政政策对企业创新投入和技术创新能力存在动态的门槛效应，当财政补贴处于特定一区间时，财政政策对企业的创新投入和技术创新能力具有正向激励效应；而当低于或高于这一区间时，这种正向激励效应却逆转为抑制效应。周燕和潘遥（2019）认为，产业政策通过影响市场的交易成本，从而影响产业政策对企业创新发展的激励效应；但该研究并没有具体测量交易成本，也就没有获得实证的证据。仅有少量研究对此进行了实证探索。张同斌和高铁梅（2012）的研究发现，相比税收优惠政策而言，财政政策更能促进高新技术产业的发展；同时，财政政策通过提升企业研发支出，从而提升企业的创新产出；而税收优惠通过降低价格，从而提升高校技术产业的创新发展。李晨光和张永安（2015）的研究发现，财政政策通过提升企业的创新投入，从而提升企业的创新能力和创新产出。创新能够为企业带来更高的效率和效益，而传统经济学效率理论认为，效率与效益的提升依赖于资源要素的投入与配置（胡寄窗，1988）。因此，财政政策治理企业创新过程中所面临的"市场失灵"问题，理论上首先应该是激励企业增加创新资源投入，以达到创新资源汇聚的作用；其次是通过改善企业内部机制，调动经理人和技术人员的积极性，以实现提升企业创新产出的目标。因此，科技政策对企业的创新产出和创新效率具有显著的推动作用。

综合以上分析，创新投入在科技政策与企业创新绩效之间起中介效应（见图3-2）。

图3-2　创新投入对科技政策与企业创新绩效的中介效应关系

三、科技政策作用于科技型小微企业创新发展的路径之二：
内部激励的中介效应

从政府实施科技政策的动机来看，实施科技政策的目的是试图解决科技领域的知识生产和扩散以及应用问题。如前所述，这些问题主要表现为研发资金如何筹措、使用以及社会资本的配置引导，人才、技术等要素的流转与定价，技术专利的转让与产业化等。由于市场存在逐利性，解决这些问题仅依靠市场力量是不够的，还需要政府"帮助之手"以克服"市场失灵"，以财政补贴、税收优惠等为主要内容的科技政策成为推动企业创新的重要助推器（徐喆 等，2017）。从企业高管投资技术创新的动机来看，尽管技术创新存在较高的风险并会增加短期业绩的不确定性，但是增加技术创新投入将增加技术研发和企业未来发展的复杂性，从而增加代理人（高管）与委托人（股东）之间的信息不对称，委托代理关系之间的信息不对称将为代理人谋求更高的薪酬报酬（包括货币薪酬、股权期权等非货币薪酬和在职消费等隐性福利）和更大的内部控制权（陈修德 等，2015）；同时，更高的薪酬是对高管冒险投资于技术创新的风险补偿制度安排（周泽将 等，2018）。因此，从动机层面来看，政府实施科技政策以激励企业技术创新，与企业高管进行技术创新投入以获得更大个人私利，两者的动机具有一致性。正是基于两者内在动机的一致性，才能解释企业高管为什么会迎合政府实施科技政策的"指挥棒"；同时，如果高管不能借助科技政策的政策效应为其谋求更多的私利，那将严重降低高管进行技术创新投资的积极性，这也可以解释为什么科技政策在不同企业之间存在显著的激励效应差异。可以看出，基于理性经济人假设，可以预见企业迎合科技政策加大创新力度的目的，是企业高管为自己谋求更多的私利。因此，科技政策的实施能够激励企业经理层改善内部激励环境和条件，以作为经理人增加创新投入的风险补偿。

以 X 效率理论为代表的新古典经济学效率理论认为，在既定的资源要素投入水平下，组织内部的制度安排与运行机制及其组织文化对组织的产出绩效起决定性作用（Leibenstein，1966）。新制度经济学认为，制度是经济组织创新发展的重要因素和驱动力，制度通过降低组织内个体之间的摩擦和外部利益主体之间的交易成本，推动经济组织的创新发展（Williamson，1975）。技术创新具有不确定性和高风险，在企业资源有限的前提下，增加企业资源投向于创新研发，一方面意味着短期业绩的不确定性风险增加，另一方面由于业绩的不确定性增加了高管薪酬的不确定性。因此，要激励高管从事创新投资活动，需要提高高管薪酬契约的激励强度，以激励高管承担创新投资带来的不确定性风险。高管薪酬作为企业激励制度的重要构成，对激励高管主动承担风险、提高高管努力程度和企业经营绩效有着显著激励效应。研究发现，提升高管薪酬和员工薪酬能够促进企业可持续成长（Stiglitz，1989）；高管货币薪酬提升会正向促进企业研发效率，但这一正向关系受到区域市场发展、行业等外部环境的制约（陈修德 等，2015）。周泽将 等（2018）指出，高管薪酬作为高管承担风险的补偿机制，其提升能够激励高管愿意承担创新带来的不确定性风险和短期业绩下降风险。徐悦等（2018）指出，高管薪酬黏性作为鼓励高管从事创新活动、容忍高管创新初期失败的薪酬制定依据，能够缓解具有风险规避倾向的高管过分保守的投资行为；但高管薪酬黏性并非越高越好，而是只有当业绩下降时对高管降低惩罚或适当奖励，高管薪酬黏性才会保持对研发创新的正向激励效应。综上所述，科技政策试图激励企业增加创新投入、提高创新能力和创新产出；而高管则可能因为担心创新投资导致短期业绩的不确定性风险和自身业绩薪酬的不确定性风险，使得高管缺乏创新投资的积极性。因此，对高管实施有效的薪酬激励，成为激励高管愿意承担创新投资带来的不确定性风险的关键，即更高的高管薪酬激励能够提升企业的创新绩效水平。

基于公共政策溢出效应的视角，科技政策的目的和功能是弥补企业创新过程中固有的"市场失灵"问题（Stiglitz，1989；杨洋 等，2015）。科技政策能够弥补企业创新过程中的"市场失灵"问题，体现了科技政策具有正向的外部性，而这种正向的外部性是通过资源获取和信号传递两种机制影响企业的创新动机、创新行为和创新绩效。从资源获取的视角来看，科技政策直接提升了企业所稀缺的创新资源，降低了企业创新活动的边际成本，缓解了企业创新的不确定性带来的创新投入风险，从而弥补企业自主创新活动中创新动力不足和创新资源投入不足的"市场失灵"（Hussinger，2008）。从信号传递的视角来看，政府通过财政、税收、金融等政策工具向市场释放一种良好的信号，这种信号可以表明该产业（企业）的发展前景、技术水平对国家经济的重要性，政府将有持续扶持该产业（企业）的可能（郭玥，2018）。这种信号不但能提振企业所有者和经营者对企业未来发展前景的信心，对市场各利益相关者也具有非常好的吸引力，能够帮助企业更好地获得各利益相关者的认可和支持；同时，也能够吸引和引导创新资源向这些企业流动和配置，从而缓解企业创新的融资约束（任曙明 等，2014）、分担创新失败的风险（解维敏 等，2009）、弥合私人收益率与社会收益率之间的差距（Clausen，2009），实现对企业创新动机、创新投入行为和创新绩效的正向激励效应。可以看出，科技政策对企业创新具有正向激励效应。

综上所述，创新投资具有不确定性和高风险，在企业资源有限的前提下，增加企业资源投向于创新活动，一方面意味着短期业绩的不确定性风险增加；另一方面由于业绩的不确定性增加高管薪酬的不确定性，高管缺乏创新投资的积极性。政府实施科技政策的目的是通过"有形之手"激励企业增加创新投入、提高创新能力和创新产出，以弥补企业创新中的"市场失灵"；但企业是否愿意从事创新投资或增加创新投入，取决于负责企业经营管理的高管；而高管是否有动力增加技术创新投入，主要取决于企业是否设置合理的风险分担与补偿机制。高管薪酬作为企业最为常用的激励制度安排，是激励高管承担风险、缓解高管道德风险倾向、降低委托代理成本的重要激励机制（汪平 等，2014；夏宁 等，2014；黄庆华 等，2019）。因此，高管薪酬激励既是高管是否愿意从事创新投资的关键因素，也是科技政策目标能否实现的关键因素；提升高管薪酬水平应该是降低高管委托代理成本、增强科技政策对企业创新的正向激励效应的重要中介路径机制。因此，科技政策通过提升高管薪酬激励水平从而实现对企业创新发挥正向激励效应。内部激励对科技政策与创新绩效的中介效应关系见图 3-3。

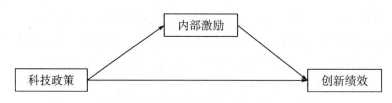

图 3-3　内部激励对科技政策与创新绩效的中介效应关系

第四章　国内外科技政策驱动企业创新发展的成功经验

科技政策作为弥补企业创新过程中"市场失灵"问题的有效工具，一直受到世界各国的推崇。美国作为全球创新策源地之一、日本作为科技政策运用较为成功的国家之一，在支持企业创新发展过程中积累了非常好的经验，这些经验对提升中国的科技政策治理效果将有积极意义。本章将简单梳理这些经验和做法。

第一节　发达国家的科技政策实践与研究经验

一、科技政策实践方面

首先，在科技政策的顶层设计上，发达国家的科技政策体系完备、重点突出。发达国家普遍的做法是立法先行、规划跟上、指引细则落地，确保科技政策得到有效贯彻实施。例如，在支持科技创新的税收政策体系方面，美国、法国、日本等国家在税收政策的设计上不仅有各种税收法案，还配套了相应的操作法规，如《税收意义上的研发含义指南》《企业无形资产研发操作手册》《资本补贴法案》等，规范税收优惠政策的实际操作。几十年来，科技政策关注的重点领域既有趋同之势又存在差异。美国的科技政策重点关注气候变化带来的环境治理和科技接口、纳米科技、创新以及竞争对手的科技政策。英国、德国、荷兰、加拿大、澳大利亚等发达国家的科技政策同样关注气候变化、生态环境等环境问题的治理，对科技接口和科技创新的政策支持也不遗余力。日本的科技政策最为关注科技创新、新能源、新材料，并根据亚洲邻国的竞争性政策动态调整。中国更多是关注国内科技政策的有效性和技术创新支持体系的绩效评价（曾利 等，2020）。第二次世界大战结束后，美国先后将国防科技、空间科技作为科技政策支持的重点；随着冷战结束，信息科技特别是民用科技的研发成为科技政策支持的重点产业方向，但这些政策的变化并没有改变科技政策服务于美国国家战略的目标任务。

作为第二次世界大战结束后东亚率先复兴的国家，日本在 1950 年实施《外资法》和《外资委员会设置法》，正式开启科技政策驱动国民经济发展之路。日本在 1960 年实施《国民收入倍增计划》后，其科技政策的重点在于消除技术差距与自主创新中的外部依赖，强调自我创新与自我发展相结合。在随后的几十年中，日本的科技政策以激励企业构建内生创新体系为目标，优化税收、财政、金融等政策组合，通过科技政策带来的资金流激励企业增加研发投入，改善和创新内部激励机制，推动了企业和国家经济的协同健康发展。

其次，在科技政策上，发达国家更偏好税收政策这一政策工具。20 世纪 80 年代以来，世界大多数国家普遍使用税收政策工具支持企业技术创新；2011 年以来，法国、加拿大、日本、韩国等经济合作与发展组织（OECD）成员的税收优惠总额超过财政补贴总额，其税收政策成为支持企业研发的主要政策工具（薛薇，2015）。我国实施研发费用税前抵扣的税收优惠政策始于 2008 年，税收政策工具的运用相对落后于 OECD 成员。发达国家税收优惠政策具有以下特点：

一是在支持对象上，重点支持中小微企业。世界各国对中小微企业的定位和认知是一致的，中小微企业是世界各国企业构成的主体，也是企业创新和国家创新驱动的主要载体，因此中小微企业也成为政府政策支持的重点对象。同时，除了重点支持中小微企业外，税收政策支持的对象也具有普惠性，从一般企业到中小微企业，从天使投资人到股权投资，从初创科技企业到一般企业，从科技产业到一般产业，只要符合科技创新和研发支出条件的都能享受税收优惠。

二是在支持强度上，中小微企业享受更为突出的税收优惠。这种更为突出的税收优惠主要表现在：一是适用更高的税前扣除比率或抵扣比率，如澳大利亚对营业收入小于 2 000 万澳元的企业给予 45% 的税收抵免，法国则为 50%；二是应税收入不足抵扣或应缴所得税额不足抵免时，差额部分可在当年获得现金形式的税收返还；三是降低门槛条件，如澳大利亚将小企业的界定标准从营业收入小于 500 万澳元调到小于 2 000 万澳元，使更多企业受益于税收优惠带来的激励效应。

三是在支持方式上，绝大多数的税收政策采用对新增投资进行税收抵免、加速折旧、加计扣除等间接优惠的方式，这种优惠方式相比税率优惠而言，具有针对性强、效率高、执行成本低的特点。同时，税收支持方式在不同的经营活动中表现不一样，在投资环节按新增投资额给予税前抵扣，在股权转让环节给予资本利得所得税减免，如果股权转让产生损失则允许抵扣资本利得或其他利得，不足部分可以向前或向后结转（平力群，2012）。日本的"天使税制"和英国的企业投资计划是创新税收优惠政策的典型代表。

四是在支持链条上，税收政策从供给端向需求端扩展，实现企业技术创新的全链条支持。供给端的税收支持主要体现在对研发投入、新增投资环节的支持上，旨在鼓励企业增加研发投入和研发项目，从而扩大企业整体研发规模。需求端的税收支持主要基于国家的产业战略需求，美国和日本为了推动可再生能源产业、新材料制造和高端机械制造业的发展，在税收政策设置中重点支持这些产业的税收减免、抵扣（中国国际税收研究会，2010）。从技术创新的链条来看，创新链主要包括研发、商业化和市场化三大环节，研发环节是创新链的逻辑起点，对创新绩效具有决定性作用，成为各国创新税收政策支持的重点和争夺研发资源的主要手段。

二、科技政策科学的理论研究层面

美国现代的科技政策体系兴起于 2005 年美国总统科学顾问、白宫科技政策办公室提出的"科技政策科学"，将科技政策推进成为一门"科学"（樊春良 等，2013）。在白宫科技政策办公室的推动下，从 2006 年起，美国国家科学基金会（NSF）作为科技政策的主要实施主体，通过设立"科学与创新政策学"（SciSIP）研究计划，实施和落实国家对技术研发活动的支持。该计划有三个主要目标：一是发展和构建有用的科技政策支持企业创新与经济增长的理论知识；二是改进并拓展科技政策绩效评价指标体系和分析工具；三是培育一个跨越联邦政府、产业界和大学的专注于 SciSIP 的专家共同体。

日本是继美国之后第二个将科技政策上升为国家战略和科学门类的发

达国家。在 2010 年实施的《第四期基本计划》中，日本首次提出要推进"科学、技术和创新政策科学"（STI 政策科学），并把它作为增强 STI 政策的计划、制定和促进功能的手段，以改善政策决策与经济社会发展的关系（樊春良，2014）。

从学科发展和知识形态上看，科技政策科学更强调科学性和定量工具以及多学科融合。从政策内容上看，美国最早提出的科技政策学并未包含"创新"，日本在借鉴美国的经验后进一步拓展了科技政策学的内涵，将创新政策纳入科技政策学的内容体系，反映了科学技术与创新的结合趋势。2011 年，日本科技振兴机构——研究发展战略中心首次明确科技政策学的设计哲学与指导原则：一是实现科技政策的形成机制与科技政策科学的共同进化；二是以证据和公众参与为基础的科技政策选择与形成机制；三是坚持多学科融合构建科技政策科学坚实的理论基础；四是以培养精通科技政策实践与理论的领导者为目标（樊春良，2014）。

第二节　国内发达地区科技政策实践经验

我国的科技政策起源于 1978 年全国科学大会，此次大会关于"科学技术是第一生产力"的论断，成为新时期科学技术发展战略制定的基本理论基础，也拉开了我国科技政策干预科技创新活动的序幕。改革开放以来，我国颁布实施了多项法规、规划、意见、指引、通知、办法等制度文件，形成了完整的支持科技创新的科技政策体系。从政策内容上看，科技政策体系包括财政政策、税收政策、金融政策和知识产权政策等；从科技活动的流程上看，科技政策主要支持企业的研发活动和投资生产以及市场消费等活动，覆盖了科技创新价值链的全流程、全领域（刘凤朝 等，2007）。

相比过去侧重于国家层面的科技政策实践与研究，近年来，随着我国地区之间经济竞争越发激烈，地区之间的科技政策竞争成为地区之间经济竞争的重要工具。吴琨和刘凯（2017）从科技活动类型和政策工具两个维度梳理了北京、上海、江苏、浙江等发达地区支持科技创新的科技政策，研究发现，科技政策的支持范围涵盖企业创新过程的基础研发、技术研发与示范、市场示范、商业化、市场积累和市场扩散等环节，而且在不同的阶段呈现不同的科技政策工具选择偏好。

在基础研发、技术研发与示范的创新流程前期，企业创新活动对资金要求不多，但存在较高的技术失败风险和零收益后果，这是企业和市场缺乏创新投入的根源，在这个阶段需要公共财政资金的介入，弥补企业自主创新中的"市场失灵"。在市场示范、商业化的创新流程中期，企业创新活动需要大量的资金对技术成果进行产业化与商业化，公共财政资金显然已经无法满足技术产业化与商业化的要求，这就需要加快风险投资、战略投入等私有资金的介入以弥补资金缺口；同时，随着技术产业化与商业化的到来，技术风险不断减少，但政策风险和市场风险却不断增加。在市场积累和市场扩散的创新流程后期，企业要将技术创新成果转化为经济收益需要巨额资金的投入，新技术的投入也将为企业获取更高的市场收益，但是新技术的市场溢出效应有可能带来市场"搭便车"以及新的技术替代风险，这就需要政府在知识产权保护和交易转移上的立法与执法及时到位，才能激励企业进入自主创新的良性循环。

根据对北京、上海、江苏、浙江四个省市的科技政策梳理发现，这些地区的科技政策恰好能在企业创新的各个环节中及时弥补市场的不足。在企业创新流程的前期环节，发达地区更偏好财政政策对企业科技投入不足的弥补、金融政策对市场资金厌恶创新风险的弥补和税收政策对企业经理层厌恶创新风险的弥补，同时在知识产权交易、转移以及作价入股等方面做了大胆的尝试与引导。在企业创新流程的中期环节，发达地区则注重通过规范条例、准入规则，以及财政补贴和政府采购等政策，规范企业创新及发展的市场环境，确保创新活动能够给企业带来实惠，从而培育企业加强创新投入的内生动力。在企业创新流程的后期环节，发达地区主要通过改善基础设施、公共服务、宣传教育和平台建设，改善服务企业创新发展的软环境和营商环境。同时也发现，由于税收政策在地方缺乏灵活性，地方更偏好财政政策。财政政策工具的使用依赖于地方财政实力，这对欠发达地区的地方政府而言使用空间较小。

第三节　国内外科技政策实践经验对广西的启示

一、发达国家科技政策实践经验对广西的启示

首先，发达国家立法先行能够保障科技政策的持续性和稳定性，也能

够为制定科技创新发展规划、意见、指引、政策等具体实施细则提供法律依据。广西作为少数民族自治地区，经由《中华人民共和国民族区域自治法》被赋予了一定的地区立法权，广西应该利用这一独特的优势制定相关地方性法规，支持和鼓励地区企业及个体自主创新。这样的立法既符合支撑广西创新发展的现实需要，也符合创新驱动高质量发展的国家战略。

其次，发达国家善用公共财政资金支持企业基础研发的创新前端环节的做法，在一定程度上能将有限的公共财政资金的效用最大化。这样的做法对公共财政资金紧缺的广西而言非常值得借鉴，要将有限的财政资金用在企业创新风险最大、市场资金最不愿进入的基础研发环节，才能确保公共财政资金的效用最大化。

再次，发达国家在科技政策体系顶层设计上既有宏观法律法规的统领，又有中观产业规划的支持，更有实施指引、政策细则等微观操作工具，能够保障科技政策体系持续、稳定、有效地推动企业自主创新。

最后，发达国家更偏好使用税收政策而不是财政政策，原因在于税收政策带来的交易费用更少，财政政策可能会在一定程度上扭曲市场竞争规则（周燕 等，2019）。这将为我国科技政策优化提供经验借鉴。

二、国内发达地区科技政策实践经验对广西的启示

国内发达地区具有更雄厚的财政实力，可以支撑发达地区充分使用财政政策支持企业自主创新的需要。但是，广西的经济基础较为薄弱，无法支撑财政政策的深入投入；同时过度使用财政政策工具有可能诱发企业实施策略性创新的机会主义行为，而不是实施实质性创新（黎文靖 等，2016）。在这样的背景下，广西可以探索税收政策支持企业创新方面的经验做法，比如，鼓励企业研发支出资本化，同时加快研发设备折旧、提高税前抵扣等组合措施；或者将财政资金支持更多地向高端人才倾斜，或许能吸引更多的高端人才聚集，通过"人才带动项目，项目带动产业"的模式，提升广西地区的创新能力和创新水平。

第五章 广西科技型小微企业创新发展调查分析

第一节 科技型小微企业的界定

一、关于小微企业

小微企业是小型企业、微型企业和家庭作坊式企业以及个体工商户的统称（李大庆 等，2013）。

根据《国务院关于进一步促进中小微企业发展的若干意见》的表述，我国中小企业可划分为中型、小型和微型3种类型。2011年，工业和信息化部、国家统计局、国家发展和改革委员会、财政部联合发布《中小企业划型标准规定》，根据企业从业人员、营业收入、资产总额等指标，将中小企业划分为中型、小型、微型3种类型。2017年，工业和信息化部等4部门对中小企业划型标准进行了调整，新划型标准如表2-1所示。表2-1显示，不同行业划分企业规模类型的标准并不完全一致，大多数行业选用从业人员和营业收入作为划分企业规模类型的指标，小部分行业如建筑业与房地产开发经营业则选用营业收入和资产总额，租赁与商业服务业选用从业人员与资产总额。

第四次全国经济普查数据显示，截至2018年12月31日，全国共有从事第二产业活动和第三产业活动的法人单位2 178.9万个，与2013年第三次全国经济普查相比，增长100.7%；从业人员达38 323.6万人，与2013年第三次全国经济普查相比，增长7.6%。广西共有法人单位49.0万个，从业人员有511.6万人。对照表2-1的行业从业人员规模标准，当前我国绝大部分行业的企业从业人员规模都属于微型企业的范畴。笔者到广西市场监督管理局调研获悉，当前广西共有市场主体 400 万家，其中个体户 300 万户，企业法人单位 95 万家，农民专业合作社 5 万户。根据广西市场监管局的介绍，市场监管系统的企业统计与国家统计局和全国经济普查统计的企业数量存在的差异，主要来源于微型企业和家庭作坊式企业（如家庭式小餐馆）。

二、关于科技型小微企业

科技型小微企业是专门以新技术、新产品、新科技作为企业成长核心的小微企业（李大庆 等，2013）。

按照市场监督管理部门的统计口径，构成小微企业的主体是家庭作坊式企业和个体工商户，受限于人才、技术研发等投入资源的专业性，科技型小微企业要优先排除家庭作坊式企业和个体工商户；但市场监督管理部门的统计口径并不涉及科技型小微企业的认定。笔者到广西壮族自治区知识产权局（已划归广西壮族自治区市场监督管理局）调研获悉，当前从政府层面理解的科技型小微企业是具有独立企业法人资格且获得知识产权授权的企业。而笔者在广西壮族自治区科学技术厅调研时得到的却是不一样的科技型小微企业界定方法，即科技型小微企业应该是具有独立企业法人资格且通过高新技术企业认定的企业。相比广西壮族自治区知识产权局对科技型小微企业的理解，广西壮族自治区科学技术厅对科技型小微企业的理解更专业，但也导致广西的科技型小微企业认定数量非常少[①]。显然，这并不能反映广西科技型小微企业的真实现状。因此，我们认为广西壮族自治区知识产权局对科技型小微企业的理解更能反映当前广西科技型小微企业的真实状态。基于此，笔者设计的调查问卷中将"是否获得知识产权授权"作为判断是否为科技型企业的依据，再对照表 2-1 的企业划分标准，结合被调查企业所处的行业及规模特征，判断被调查企业是否属于科技型小微企业。

---

① 2020 年 12 月 21 日，广西壮族自治区科学技术厅公布的《广西壮族自治区 2020 年第一批高新技术企业名单》显示，共有 296 家企业通过了高新技术企业认定；加上 2019 年通过认证、尚在有效期内的高新技术企业 320 家和 2018 年通过认证、尚在有效期内的高新技术企业 303 家，总共 919 家，只有 1 家在公布名单中标注为微型企业。

第二节　广西科技型小微企业调查结果分析

一、企业调查实施情况

笔者第一次向企业发放调查问卷于 2018 年 7—8 月完成。调查对象为广西高铁经济产业园（桂林）、桂林市高新区、贵港市高新区、贵港市港南区工业园、贵港市港北区产业园等园区的 130 家企业，调查问卷通过桂林市产业园区和贵港市产业园区的主管部门发放和回收，共收回 130 份，其中有效问卷 117 份，有效问卷率为 90%。

二、调查结果分析

（一）基本问题的描述性统计

基本问题调查结果的描述性统计见表 5-1。

表 5-1　基本问题调查结果的描述性统计

变量	样本量	均值	标准差	最小值	25 分位	50 分位	75 分位	最大值
Nation	117	2.888 9	0.450 6	1	3	3	3	3
Form	117	1.564 1	0.986 0	1	1	1	2	4
Asset	117	16 463.42	35 213.45	100	1 311	3 350	10 000	200 000
Income	117	3 410.778	6 844.663	23	550	968	1 988	56 749
Staff	117	124.906 0	113.828 7	7	42	86	178	500

从企业产权性质（Nation）来看，均值为 2.888 9，接近 3，表明大部分企业为民营企业。其中，民营企业样本 110 个，占总样本 94%；国有资本与民营资本混营企业样本 7 个，占总样本 6%；样本企业中没有国有独资企业。

从企业组织形式（Form）来看，均值为 1.564 1，大于 1，表明大部分企业为有限责任制企业。其中，有限责任制的样本企业 81 个，占总样本的 69%；股份制的样本企业 18 个，占总样本的 15%；合伙制的样本企业 6 个，占总样本的 5%；其他组织形式的样本企业 12 个，占总样本的 11%。

从资产规模（Asset）来看，均值为 16 463.42 万元，标准差为 35 213.45 万元，中位数为 3 350 万元，均值大于中位数，表明样本企业之间的资产规模差异较大。按照表 2-1 企业规模划分标准来看，以资产规模为衡量标准之一的建筑业和房地产开发经营业的资产规模小于 5 000 万元、租赁和商务服务业的资产规模小于 8 000 万元的，均划为小微企业。因此，从资产规模的中位数 3 350 万元来看，大于 50%、小于 75% 的样本企业属于小微企业。

从营业收入（Income）来看，均值为 3 410.778 万元，标准差为 6 844.663 万元，表明样本企业之间的营业收入规模差异较大。样本企业营业收入的最小值为 23 万元，75 分位样本企业的营业收入为 1 988 万元，小于 2 000 万元，符合表 2-1 企业规模划分标准中大多数行业小微企业的营业收入标准，表明 75% 以上的样本企业属于小微企业。

从从业人员规模（Staff）来看，均值为 124 人，标准差为 113 人，表明样本企业之间的人员规模差异较大。样本企业的人员规模最小值为 7 人，75 分位企业的人员规模为 178 人，小于大多数行业的小型企业 200 人的标准。

综上所述，结合不同行业的划分标准，在 117 个样本企业中，共有 86 个样本企业属于小微企业，占总样本的 74%（见表 5-2）。

表 5-2　样本企业分行业统计

行业	样本企业行业	按小型企业划分标准统计			按微型企业划分标准统计			样本数/个	小型企业数/个	微型企业数/个
		人员规模/人	营业收入/万元	资产规模/万元	人员规模/人	营业收入/万元	资产规模/万元			
农林牧渔业	农产品加工	—	<500	—	—	<50	—	3	1	0
工业	食品加工	<300	<2 000	—	<20	<300	—	3	3	0
	木材加工							34	24	5
	饲料加工							5	3	0
	塑料加工							1	1	0
	服装							4	3	1
	制鞋							5	0	5
	电力设备							1	0	0
	钢铁							1	0	0
	机械							13	9	0
	建材							6	4	2
	汽车制造							4	2	1
	化工							8	3	0
	生物制造							2	0	2
	新材料							4	3	0
	医药							3	0	0
	造船							1	0	0

表5-2(续)

行业	样本企业行业	按小型企业划分标准统计			按微型企业划分标准统计			样本数/个	小型企业数/个	微型企业数/个
		人员规模/人	营业收入/万元	资产规模/万元	人员规模/人	营业收入/万元	资产规模/万元			
批发业	批发业	<20	<5 000	—	<5	<1 000	—	7	2	5
软件和信息技术服务业	电子信息	<100	<1 000	—	<10	<50	—	3	1	0
房地产开发经营	房地产	<1 000	—	<5 000	<100	—	<2 000	1	0	0
租赁和商务服务业	商业服务	<100	—	<8 000	<10	—	<100	6	5	0
其他行业	综合环保	<100	—	—	<10	—	—	2	1	0
合计								117	65	21

从知识产权（Right）来看（见表5-3），70%的样本企业拥有知识产权，18%的样本企业获得发明专利授权，43%的样本企业获得实用新型专利，4%的样本企业获得软件著作权，67%的样本企业获得商标权，7%的样本企业获得行业标准认定。

表5-3　样本企业的知识产权统计

变量	样本量	均值	标准差	最小值	中位数	最大值
知识产权（Right）	117	0.700 9	0.459 9	0	1	1
发明专利（Fmzl）	117	0.179 5	0.385 4	0	0	1
实用新型专利（Syxx）	117	0.427 4	0.496 8	0	0	1
软件著作权（Rjzz）	117	0.042 7	0.203 1	0	0	1
商标（Sb）	117	0.666 7	0.473 4	0	1	1
行业标准（Hybz）	117	0.068 4	0.253 5	0	0	1

综合企业规模划分标准和知识产权标准，在117个样本企业中，共有60家样本企业为科技型小微企业，占总样本的51%。

表5-4显示，52%的样本企业最近3年获得政府的财税政策支持，88%的样本企业最近3年获得政府的金融政策支持，46%的样本企业最近3年获得政府的技术政策支持，15%的样本企业最近3年获得政府的人才政策支持。

表 5-4   潜在变量的描述性统计

变量	样本量	均值	标准差	最小值	中位数	最大值
财税政策（CSZC）	117	0.521 4	0.501 7	0	1	1
金融政策（JRZC）	117	0.880 3	0.326 0	0	1	1
技术政策（JSZC）	117	0.461 5	0.500 7	0	0	1
人才政策（RCZC）	117	0.153 8	0.362 4	0	0	1

（二）核心问题调查结果的描述性统计

表 5-5 显示，测量财税政策的 8 个问题的均值均在 3.9 以上，接近中位数 4（比较满意），表示样本企业对政府支持企业技术创新的财税政策比较满意。

表 5-5   样本企业对政府财税政策支持的感知与评价

变量	样本量	均值	标准差	最小值	中位数	最大值
①研究实验设备投资税前扣除	117	3.931 6	1.072 6	1	4	5
②对创新型企业实行减税或返还	117	3.957 3	1.117 2	1	4	5
③提取技术开发准备金制度	117	3.897 4	1.085 8	1	4	5
④技术转让收入减免制度	117	3.948 7	1.120 7	1	4	5
⑤对高增值产品进行增值税补偿	117	3.991 5	1.125 7	1	4	5
⑥帮助中小企业增加在政府采购合同中所占的比重	117	3.829 1	1.093 0	1	4	5
⑦扩大政府采购规模	117	3.769 2	1.132 5	1	4	5
⑧政府采购企业创新产品采用标准化的流程	117	3.794 9	1.126 0	1	4	5

表 5-6 显示，测量金融政策的 4 个问题的均值均在 3.9 以上，接近中位数 4（比较满意），表示样本企业对政府支持企业技术创新的金融政策比较满意。

表 5-6　样本企业对政府金融政策支持的感知与评价

变量	样本量	均值	标准差	最小值	中位数	最大值
①优惠贷款(如提供长期贷款)	117	3.957 3	1.117 2	1	4	5
②贴息或免息贷款	117	3.965 8	1.098 1	1	4	5
③贷款担保	117	3.880 3	1.018 5	1	4	5
④优先贷款	117	3.957 3	1.101 7	1	4	5

表 5-7 显示，测量技术政策的 6 个问题的均值均在 3.8 以上，接近中位数 4（比较满意），表示样本企业对政府支持企业技术创新的技术政策比较满意。

表 5-7　样本企业对政府技术政策支持的感知与评价

变量	样本量	均值	标准差	最小值	中位数	最大值
①企业创新项目的贷款担保或贷款贴息	117	4.017 1	1.082 6	1	4	5
②新产品开发或试制费用补贴	117	3.974 4	1.078 5	1	4	5
③技术创新基金资助	117	4.000 0	1.082 8	1	4	5
④技术改造专项补贴	117	3.982 9	1.090 6	1	4	5
⑤高新技术产业专项补助资金	117	3.957 3	1.085 9	1	4	5
⑥风险投资	117	3.812 0	1.066 2	1	4	5

表 5-8 显示，测量人才政策的 3 个问题的均值均在 3.7 以上，接近中位数 4（比较满意），表示样本企业对政府支持企业技术创新的人才政策比较满意。

表 5-8　样本企业对政府人才政策支持的感知与评价

变量	样本量	均值	标准差	最小值	中位数	最大值
①人才引进政策	117	3.743 6	1.059 9	1	4	5
②人才培养政策	117	3.769 2	1.011 9	1	4	5
③人才激励与发展政策	117	3.820 5	1.030 7	1	4	5

表 5-9 显示，测量样本企业对科技政策推动创新投入提升的感知与评价的 3 个问题的均值均在 3.8 以上，接近中位数 4（比较满意），表明政府

支持企业技术创新的科技政策能够提升企业自主创新的资金、研发人员以及员工的技术培训等创新投入。

表 5-9　样本企业对科技政策推动企业创新投入增加的感知与评价

变量	样本量	均值	标准差	最小值	中位数	最大值
①对创新的资金投入数量和占比	117	3.829 1	0.949 5	1	4	5
②研究开发人员人数和占比	117	3.837 6	1.008 2	1	4	5
③对员工的技术培训支出	117	3.837 6	1.025 2	1	4	5

表 5-10 显示，测量样本企业对科技政策改善企业内部激励的感知与评价的 8 个问题（给技术骨干股权或期权除外）的均值均在 3.8 以上，接近中位数 4（比较满意），表明政府支持企业技术创新的科技政策能够激励企业改善企业内部制度激励、物质激励、精神激励等内部激励机制。

表 5-10　样本企业对科技政策推动企业改善内部激励的感知与评价

变量	样本量	均值	标准差	最小值	中位数	最大值
①提拔创新人员，鼓励创新人员参与管理	117	3.948 7	0.972 4	1	4	5
②有明确的权力约束机制，员工在规定内享有自主权	117	3.863 2	0.964 1	1	4	5
③提倡创新精神，领导鼓励员工尝试新工艺、开发新产品	117	3.914 5	0.924 5	1	4	5
④提倡团队精神，选评并表彰创新先进团队	117	3.940 2	0.949 5	1	4	5
⑤提倡员工终身学习，为员工提升技能提供机会	117	3.991 5	0.885 7	1	4	5
⑥表彰创新先进个人并及时传播他们的事迹和经验	117	3.957 3	0.950 4	1	4	5
⑦给技术骨干股权或期权	117	3.752 1	1.024 7	1	4	5
⑧研发人员的薪酬与其对创新的贡献程度相关	117	3.846 2	0.988 0	1	4	5
⑨对员工的创新成果归属权有明确规定	117	3.863 2	0.955 1	1	4	5

表 5-11 显示，测量样本企业对科技政策改善企业经营绩效的感知与评价的 6 个问题的均值均在 3.6 以上，较为接近中位数 4（比较满意），表明政府支持企业技术创新的科技政策能够增强企业的成长性，以及提升企业的盈利能力和经营绩效等企业绩效。

表 5-11　样本企业对科技政策提升企业绩效的感知与评价

变量	样本量	均值	标准差	最小值	中位数	最大值
①公司最近 3 年的平均销售额增长率	117	3.649 6	0.940 6	1	4	5
②公司最近 3 年的平均新产品销售额占总销售额的比重	117	3.683 8	0.943 7	1	4	5
③公司最近 3 年的平均利润增长率	117	3.709 4	0.947 4	1	4	5
④公司最近 3 年的平均新产品利润占总利润的比重	117	3.666 7	0.973 8	1	4	5
⑤公司最近 3 年的平均资产收益增长率	117	3.623 9	0.989 0	1	4	5
⑥公司最近 3 年的平均新产品资产收益占总资产收益的比重	117	3.700 9	0.940 1	1	4	5

第六章 科技政策驱动企业创新发展的激励效应研究

——基于广西科技型小微企业的调查数据

尽管有一部分文献质疑科技政策的有效性（陈林 等，2008；Michael，2009；王俊，2010；李苗苗 等，2014），但是绝大部分文献的研究结论是支持科技政策"有用论"的（江静，2011；冯海红 等，2015；李万福 等，2016；黎文靖 等，2016；李万福 等，2017；周燕 等，2019）；而且，世界上众多国家的实践经验特别是我国经济发展的实践经验表明，科技政策对推动企业创新、产业发展和经济增长具有显著的积极作用（彭纪生 等，2008；张同斌 等，2012；徐喆 等，2017）。然而，少有文献探讨科技政策如何作用于企业创新的路径机制，特别是在欠发达的少数民族地区。相对于发达地区而言，欠发达的少数民族地区由于市场发育水平较低，创新要素聚集程度较低，科技政策在这些地区有可能难以发挥应有的效用（郭捷等，2017）。而忽视科技政策的有效性边界，将可能导致夸大了科技政策的有效性，误导科技政策的制定者和企业的决策（杨瑞龙 等，2019）。本章参考郭捷和齐央宗（2017）的问卷设计，通过调查少数民族地区（广西）的企业对科技政策和企业自身创新投入、制度保障以及创新产出等数据，探索科技政策对广西中小微企业创新发展的影响及路径机制。本章的贡献在于：第一，基于企业研发投入和组织激励两个视角探索科技政策作用与企业创新发展的路径机制，加深了人们对科技政策作用于企业创新发展的路径机制的认识，拓展了相关的研究文献；第二，基于广西这一少数民族地区的特殊场景，探索科技政策对企业创新发展存在积极影响的有效性，理论上拓展了杨瑞龙和候方宇（2019）关于科技政策有效性边界的研究框架。

第一节　理论分析与假设发展

企业创新是一项不确定性高、风险高的投资活动，需要持续的资金投入和充足的创新资源集聚，才有可能获得有效的创新产出（Hall，2002）。企业作为"经济人"的集合体，追求经济利益最大化是企业一切资源配置的基本原则。创新需要大量资源投入，且产出具有不确定性，在短期，大规模的创新投入将挤占企业资源投向能够产生明确效益的领域，大部分企业缺乏创新投资的积极性，特别是在两权分离的现代企业中，经理人面临短期的业绩考核压力，更缺乏将有限资源投资于创新研发活动，从而抑制了企业的创新发展能力与水平，导致了短期企业创新研发投入的"市场失灵"。正是基于这样的"市场失灵"，财政补贴通常被认为是纠正企业缺乏创新投资的"市场失灵"的有效外部干预（江静，2011；李万福 等，2016；余明桂 等，2016；谭劲松 等，2017）。科技政策的政策目标是试图解决科技领域的知识生产和扩散以及应用问题，这些问题主要表现为研发资金如何筹措、使用以及社会资本的配置引导，人才、技术等要素的流转与定价，技术专利的转让与产业化等。由于市场存在逐利性，解决这些问题仅依靠市场力量是不够的，需要政府"帮助之手"以克服"市场失灵"。

但是，科技政策的实施能否推动企业增加创新投入却还是未知的谜团。李万福等（2017）的研究发现，科技政策增加了企业的研发投入，但是企业的自主研发投入并没有相应增加。也就是说，科技政策推动下企业做大了研发投入的"蛋糕"，但是这个"蛋糕"并不是企业的自主研发投入，而是政府的财政补贴，表明财政补贴对企业自主研发投入存在"挤出效应"，这也恰恰表明企业存在研发创新的"机会主义"行为（黎文靖 等，2016）。尽管存在这些质疑，但现有研究大多认为，科技政策通过降低市场交易成本（周燕 等，2019）促进了企业研发投入（李苗苗 等，2014；李晨光 等，2015），从而实现促进企业创新的目的；可惜并未获得充分的实证支持。李苗苗等（2014）基于216家战略性新兴产业上市公司的研究发现，财政政策对企业研发投入和技术创新能力存在动态的门槛效应，当财政补贴处于特定一区间时，财政政策对企业的研发投入和技术创新能力具有正向激励效应；而当低于或高于这一区间时，这种正向激励效应却逆转为抑制效应。周燕和潘遥（2019）认为，产业政策通过影响市场的交易成本，从而影响产业政策对企业创新发展的激励效应；但该研究并没有具体测量交易成本，也就没有获得实证的证据。仅有少量研究对此进行了实证探索。张同斌和高铁梅（2012）的研究发现，相比税收优惠政策而言，财政政策更能促进高新技术产业的发展；同时，财政政策通过提升企业研发支出，从而提升企业的创新产出；税收优惠通过降低价格，从而提升高校技术产业的创新发展。李晨光和张永安（2015）的研究发现，科技政策通过提升企业的创新投入，从而提升企业的创新能力和创新产出。创新能够为企业带来更高的效率和效益，而传统经济学效率理论认为，效率与效益的提升依赖于资源要素的投入与配置（马歇尔，1890；胡寄窗，1988）。因此，科技政策治理企业创新过程中所面临的"市场失灵"问题，理论上首先应该是激励企业增加创新资源投入，以达到创新资源汇聚的目的；其次是通过改善企业内部机制，调动经理人和技术人员的积极性，以实现提升企业创新产出的目标。

在企业资源有限的前提下，增加企业资源投向创新研发，一方面意味着短期业绩的不确定性风险增加，另一方面由于业绩的不确定性，也增加了经理人薪酬的不确定性。X效率理论认为，组织不是一个标准化的机器，而是一个包含人性化的社会人的集合，效率是资源要素投入和配置的直接结果；但是，在既定的资源要素投入和配置水平下，组织的效率取决于组织内的各种运行机制和文化以及受此影响的经理人与员工的努力程度（Leibenstein，1966）。科技政策是否能够改善企业内部的运营机制和激励制度也是一个谜团。徐喆和李春艳（2017）的研究表明，科技政策特别是与知识产权保护和人才激励的科技政策，通过推动企业内部明确知识产权归属和利益分享等机制，从而提高技术研发人员和管理层的积极性，进一步推动企业创新发展和绩效提升。

基于以上分析，本章的研究框架和假设如图6-1所示。由图6-1可知，科技政策通过提升企业的研发投入和组织激励机制，从而实现对企业创新发展的正向激励，也由此提出研究假设H6-1至H6-5。

H6-1：科技政策对企业创新绩效具有正向激励效应。

H6-2：科技政策对企业研发投入具有正向激励效应。

H6-3：科技政策对企业内部激励具有正向激励效应。

H6-4：企业研发投入对企业创新绩效具有正向激励效应。

H6-5：企业内部激励对企业创新绩效具有正向激励效应。

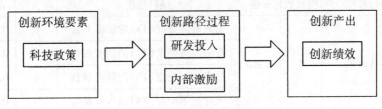

图6-1 研究框架和假设

第二节 研究设计

一、数据来源

本章通过桂林市产业园区和贵港市产业园区的主管部门对广西高铁经济产业园（桂林）、桂林市高新区、贵港市高新区、贵港市港南区工业园、贵港市港北区产业园等园区130家企业发放调查问卷，共收回130份，其中有效问卷117份，有效问卷率90%。本章主要研究企业对科技政策的感知和对企业自身研发投入和内部激励以及创新产出的满意度评价。调查问卷参考郭捷和齐央宗（2017）的问卷设计，问卷采用5级Likert-type Scale量表，1~5分别代表"非常不满意""比较不满意""一般""比较满意"和"非常满意"，问卷内容详见附表1。

二、样本检验

本章利用Cornbach's Alpha模型检验数据的信度，检验结果如表6-1所示，α值均大于0.9，表明一致性和稳定性非常好。对于问卷的内容效度方面，在郭捷和齐央宗（2017）的研究中已经得到检验；进一步检验效度得到的维度与总维度的相关系数均超过0.7，表明通过结构效度检验；效标关联效度检验得到的Pearson相关性系数均大于0.7，且在1%水平上显著，表明通过效标关联效度检验。

表 6-1 Cronbach's Alpha Reliabilities Coefficients 信度检验

第一层			第二层		
项目维度	项目数	α 值	项目维度	项目数	α 值
科技政策	4	0.963	财政政策维度（$T1$）的信度系数	8	0.973
			金融政策维度（$T2$）的信度系数	4	0.975
			技术政策维度（$T3$）的信度系数	6	0.976
			人才政策维度（$T4$）的信度系数	3	0.971
企业创新资源投入（RE_IN）	3	0.964	资金投入维度（R1）的信度系数	1	—
			研发人员维度（R2）的信度系数	1	—
			技术培训维度（R3）的信度系数	1	—
企业组织激励（MO_IN）	3	0.943	制度激励维度（$M1$）的信度系数	3	0.968
			精神激励维度（$M2$）的信度系数	3	0.959
			物质激励维度（$M3$）的信度系数	3	0.966
企业绩效（PR_OUT）	3	0.966	销售占比维度（$P1$）的信度系数	2	0.933
			利润占比维度（$P2$）的信度系数	2	0.954
			资产收益占比维度（$P3$）的信度系数	2	0.953

三、模型方法

区别于郭捷和齐央宗（2017）采用结构方程的方法，本章采用主成分因子分析法和 OLS 回归的两阶段方法，更清晰地展现了潜在变量之间的因果关系和路径机制。

（一）主成分因子分析法

第一阶段首先采用主成分因子分析法逐层降维，提取主成分特征值大于 1 的主成分。其次获得该主成分各变量的因子得分（见附表 1）。再次估计出该主成分的公因子，作为可观测变量的参数，该公因子的提取通过卡方检验和 KMO 检验（见附表 1）。最后以此参数进一步提取公因子，作为潜在变量的估计值，以用于第二阶段的回归分析；该公因子的提取也通过卡方检验和 KMO 检验（见附表 2）。以上分析均采用 Stata12 完成。

（二）潜在变量的 OLS 回归模型

为检验假设 H6-1 至假设 H6-5，本章构建以下回归模型：

$$PR\_OUT = \alpha_0 + \alpha_1 TE\_SU + \sum Controls + \varepsilon \qquad (6-1)$$

$$RE\_IN = \beta_0 + \beta_1 TE\_SU + \sum Controls + \omega \qquad (6-2)$$

$$MO\_IN = \gamma_0 + \gamma_1 TE\_SU + \sum Controls + \zeta \qquad (6-3)$$

$$PR\_OUT = \chi_0 + \chi_1 RE\_IN + \sum Controls + \mu \qquad (6-4)$$

$$PR\_OUT = \varphi_0 + \varphi_1 MO\_IN + \sum Controls + \tau \qquad (6-5)$$

在以上模型中，被解释变量 PR_OUT 为企业绩效；解释变量 TE_SU 为政府的科技政策支持；RE_IN 为企业创新资源投入，MO_IN 为企业组织激励，分别作为科技政策（TE_SU）与企业绩效（PR_OUT）之间的中介变量；Controls 为控制变量。本章分别控制企业的资产规模（Asset）、企业性质（Nation）和组织形式（Form）以及行业（Indu）效应。回归模型中的连续变量均进行首尾 1% 的缩尾处理，以上分析均采用 Stata12 完成。

第三节　实证结果分析

一、描述性统计和相关系数分析

（一）样本的描述性统计

在 117 个样本企业中，110 个样本企业为民营企业，占总样本的 94%；组织形式为有限责任制的样本企业占总样本的 69%，股份制的样本企业占总样本的 15%，合伙制企业占总样本的 5%，其他形式的企业占总样本的 11%。在科技属性特征中，83.2% 的企业获得知识产权授权或认定，表明绝大部分企业具有科技企业属性。在行业分布中，木材加工企业占比最高，达到 29%，之后是机械行业占 11%。整体而言，行业分布较为分散（见附表 3），样本数据较为合理。

从资产规模（Asset）来看，样本企业的资产规模均值为 16 463.42 万元，标准差为 35 213.45 万元，中位数为 3 350 万元，均值大于中位数，表明样本企业之间的资产规模差异较大。按照表 5-1 企业规模划分标准来看，以资产规模为衡量标准之一的建筑业和房地产开发经营业的资产规模小于 5 000 万元、租赁和商务服务业的资产规模小于 8 000 万元的，均划为小微企业。因此，从资产规模的中位数 3 350 万元来看，大于 50%、小于 75% 的样本企业属于小微企业。

从营业收入（Income）来看，样本企业的营业收入规模均值为 3 410.778 万元，标准差为 6 844.663 万元，表明样本企业之间的营业收入规模差异较大；样本企业营业收入的最小值为 23 万元，75 分位样本企业的营业收入 1 988 万元，小于 2 000 万元，符合表 5-1 企业规模划分标准中大多数行业小微企业的营业收入标准，表明 75% 以上的样本企业属于小微企业。

从从业人员规模（Staff）来看，样本企业的从业人员规模均值为 125 人，标准差为 113 人，表明样本企业之间的人员规模差异较大；样本企业的人员规模最小值为 7 人，75 分位企业的人员规模为 178 人，小于大多数行业的小型企业 200 人的标准。

综上所述，结合不同行业的划分标准，在 117 个样本企业中，共有 86 个样本企业属于小微企业，占总样本的 74%。

从知识产权（Right）来看（见表 5-4），70% 的样本企业拥有知识产权，18% 的样本企业获得发明专利授权，43% 的样本企业获得实用新型专利，4% 的样本企业获得软件著作权，67% 的样本企业获得商标权，7% 的样本企业获得行业标准认定。

综合企业规模划分标准和知识产权标准，在 117 个样本企业中，共有 60 家样本企业为科技型小微企业，占总样本的 51%。

（二）潜在变量的描述性统计

表 6-2 的潜在变量描述性统计显示，科技政策（TE_SU）、研发投入（RE_IN）、组织激励（MO_IN）和企业绩效（PR_OUT）4 个潜在变量由于是通过主成分因子分析提取的公因子，是经过标准化处理后的数据，其数值越大，表明企业对外部创新环境、内部创新资源投入和创新产出的感知就越强烈。表 6-2 显示，四个潜在变量的均值和中位数较小，表明企业对政府的科技政策支持和自身研发投入、内部组织激励以及创新绩效的感知较弱，感知评价一般，这一结论也得到原始问卷数据的支持（见表 6-4 和表 6-5）。表 6-3 显示，4 个潜在变量之间存在显著相关关系，且相关系数均大于 0.5，表明潜在变量之间存在一定关联。

表 6-2　潜在变量的描述性统计

表 6-2　潜在变量的描述性统计

变量	样本量	均值	标准差	最小值	中位数	最大值
Nation	117	2.888 9	0.450 6	1	3	3
Form	117	1.564 1	0.986 0	1	1	4
Asset	117	8.263 3	1.737 9	4.605 2	8.116 7	12.123 8
TE_SU	117	0.002 1	0.993 9	−2.734 5	0.111 2	1.141 8
RE_IN	117	0.000 2	0.999 5	−2.589 8	0.172 4	1.214 6
MO_IN	116	0.001 3	0.996 1	−3.039 3	0.109 0	1.248 3
PR_OUT	116	0.003 3	0.991 1	−2.591 0	0.357 6	1.468 2

表 6-3　潜在变量的相关系数表

变量	PR_OUT	TE_SU	RE_IN	MO_IN	Asset	Nation	Form
PR_OUT	1	—	—	—	—	—	—
TE_SU	0.572 ***	1	—	—	—	—	—
RE_IN	0.647 ***	0.851 ***	1	—	—	—	—
MO_IN	0.718 ***	0.861 ***	0.876 ***	1	—	—	—
Asset	0.092	0.069	0.112	0.082	1	—	—
Nation	−0.190 **	−0.118	−0.170 *	−0.162 *	−0.275 ***	1	—
Form	0.072	−0.040	−0.001	0.006	−0.119	0.142	1

注：*** 表示 $p<0.01$，** 表示 $p<0.05$，* 表示 $p<0.1$。

（三）可观测变量的描述性统计

科技政策的 4 个可观测变量分别为财政政策（$T1$）、金融政策（$T2$）、技术支持（$T3$）、人才政策（$T4$），4 个可观测变量的均值均为 0。在取小数点后四位之前它们是有区别的，$T1 \sim T4$ 的均值分别为−0.000 000 011 8、0.000 000 011 8、−0.000 000 006 56、0.000 000 013 4，表明企业对财政政策和技术政策的政策效果感知是负向的，这在一定程度上能够反映财政政策和技术政策对企业的支持力度还不够，也可以反映财政政策和技术政策对创新产出的正向影响较弱，这在一定程度上可能存在李万福等（2017）所指出的财政补贴政策挤出企业自主研发投入的"挤出效应"。金融政策和人才政策的均值为正，表明金融政策和人才政策对企业绩效与创新产出作用更明显，由此得到企业正向的感知，这在一定程度上印证了周燕和潘遥（2019）的研究结论，税收激励和金融政策对企业创新绩效更显著。主成分因子分析结果显示（见附表2），只有财政政策主成分的特征值大于1。

企业研发投入的3个可观测变量分别为资金投入（$R1$）、研发人员（$R2$）和技术培训（$R3$），均值（中位数）均在3.8以上，表明绝大部分企业对自身的创业要素投入感知比较满意。企业组织激励的3个可观测变量分别为制度激励（$M1$）、精神激励（$M2$）和物质激励（$M3$），其均值分别为0.000 000 008 79、−0.000 000 005、−0.000 000 010 7，表明企业在精神激励和物质激励方面尚需改进。企业绩效的3个可观测变量分别为销售占比（$P1$）、利润占比（$P2$）和资产收益占比（$P3$），其均值分别为0.000 000 006 24、−0.000 000 008 92、−0.000 000 019 9，可以看出企业对自身的经营效益（利润和资产收益）并不满意。主成分因子分析结果显示（见附表2），只有资金投入、制度激励、销售占比的主成分的特征值大于1。可观测变量的描述性统计见表6-4。

表6-4　可观测变量的描述性统计

变量	样本量	均值	标准差	最小值	中位数	最大值
$T1$	117	0.000 0	1	−2.845 3	0.106 5	1.090 5
$T2$	117	0.000 0	1	−2.811 6	0.058 2	1.014 8
$T3$	117	0.000 0	1	−2.895 4	0.041 3	1.020 2
$T4$	117	0.000 0	1	−2.763 3	0.220 4	1.215 0
$R1$	117	3.829 1	0.949 5	1	4	5
$R2$	117	3.837 6	1.008 2	1	4	5
$R3$	117	3.837 6	1.025 2	1	4	5
$M1$	117	0.000 0	1	−3.145 9	0.098 9	1.180 5
$M2$	116	0.000 0	1	−3.314 2	0.037 8	1.155 1
$M3$	117	0.000 0	1	−2.949 7	0.186 1	1.231 4
$P1$	117	0.000 0	1	−2.923 7	0.365 5	1.461 9
$P2$	117	0.000 0	1	−2.862 4	0.331 8	1.396 6
$P3$	116	0.000 0	1	−2.818 9	0.354 8	1.412 6

（四）可观测变量具体指标的描述性统计

如表6-5所示，39项可观测变量具体指标的均值在3.3~4，中位数均为4，表明企业对科技政策、研发投入、组织激励和绩效产出都处于比较满意的状态。主成分因子分析结果显示（见附表1），只有$t1\_1$、$t2\_1$、$t3\_1$、$t4\_1$、$r1$、$m1\_1$、$m2\_1$、$m3\_1$、$p1\_1$、$p2\_1$、$p3\_1$的主成分特征值大于1。

表6-5　可观测变量具体指标的描述性统计

可观测变量具体指标	样本量	均值	标准差	最小值	中位数	最大值
$t1\_1$	117	3.931 6	1.072 6	1	4	5
$t1\_2$	117	3.957 3	1.117 2	1	4	5
$t1\_3$	117	3.897 4	1.085 8	1	4	5
$t1\_4$	117	3.948 7	1.120 7	1	4	5
$t1\_5$	117	3.991 5	1.125 7	1	4	5
$t1\_6$	117	3.829 1	1.093 0	1	4	5
$t1\_7$	117	3.769 2	1.132 5	1	4	5
$t1\_8$	117	3.794 9	1.126 0	1	4	5
$t2\_1$	117	3.957 3	1.117 2	1	4	5
$t2\_2$	117	3.965 8	1.098 1	1	4	5
$t2\_3$	117	3.880 3	1.018 5	1	4	5
$t2\_4$	117	3.957 3	1.101 7	1	4	5
$t3\_1$	117	4.017 1	1.082 6	1	4	5
$t3\_2$	117	3.974 4	1.078 5	1	4	5
$t3\_3$	117	4	1.082 8	1	4	5
$t3\_4$	117	3.982 9	1.090 6	1	4	5
$t3\_5$	117	3.957 3	1.085 9	1	4	5
$t3\_6$	117	3.812 0	1.066 2	1	4	5
$t4\_1$	117	3.743 6	1.059 9	1	4	5
$t4\_2$	117	3.769 2	1.011 9	1	4	5
$t4\_3$	117	3.820 5	1.030 7	1	4	5
$r1$	117	3.829 1	0.949 5	1	4	5
$r2$	117	3.837 6	1.008 2	1	4	5
$r3$	117	3.837 6	1.025 2	1	4	5
$m1\_1$	117	3.948 7	0.972 4	1	4	5

表6-5(续)

可观测变量具体指标	样本量	均值	标准差	最小值	中位数	最大值
$m1\_2$	117	3.863 2	0.964 1	1	4	5
$m1\_3$	117	3.914 5	0.924 5	1	4	5
$m2\_1$	117	3.940 2	0.949 5	1	4	5
$m2\_2$	117	3.991 5	0.885 7	1	4	5
$m2\_3$	116	3.965 5	0.950 3	1	4	5
$m3\_1$	117	3.752 1	1.024 7	1	4	5
$m3\_2$	117	3.846 2	0.988 0	1	4	5
$m3\_3$	117	3.863 2	0.955 1	1	4	5
$p1\_1$	117	3.649 6	0.940 6	1	4	5
$p1\_2$	117	3.683 8	0.943 7	1	4	5
$p2\_1$	117	3.709 4	0.947 4	1	4	5
$p2\_2$	117	3.666 7	0.973 8	1	4	5
$p3\_1$	116	3.629 3	0.991 5	1	4	5
$p3\_2$	117	3.700 9	0.940 1	1	4	5

二、实证结果分析

表6-6列（1）的回归结果显示，科技政策（TE_SU）的系数显著为正，表明科技政策对企业绩效（PR_OUT）具有正向激励效应，假设 H6-1 得到检验。表6-6列（2）的回归结果显示，科技政策（TE_SU）的系数显著为正，表明科技政策对企业研发投入（RE_IN）具有正向激励效应，假设 H6-2 得到检验。表6-6列（3）的回归结果显示，科技政策（TE_SU）的系数显著为正，表明科技政策对企业组织激励（MO_IN）具有正向激励效应，假设 H6-3 得到检验。表6-6列（4）的回归结果显示，企业研发投入（RE_IN）的系数显著为正，表明企业研发投入（RE_IN）对企业绩效（PR_OUT）具有正向激励效应，假设 H6-4 得到检验。表6-6列（5）的回归结果显示，企业组织激励（MO_IN）的系数显著为正，表明企业组织激励（MO_IN）对企业绩效（PR_OUT）具有正向激励效应，假设 H6-5 得到检验。同时，将科技政策（TE_SU）和企业研发投入（RE_IN）纳入回归模型的检验结果显示［见表6-6列（6）］，企业研发投入（RE_IN）的系数依然显著为正，但科技政策（TE_SU）的系数变为不显著为正，表明企业研发投入（RE_IN）

完全中介了科技政策（TE_SU）对企业绩效（PR_OUT）的正向影响，即研发投入（RE_IN）在科技政策（TE_SU）对企业绩效（PR_OUT）之间起中介效应。同样，表6-6列（7）的结果显示，企业组织激励（MO_IN）在科技政策（TE_SU）对企业绩效（PR_OUT）之间也存在中介效应。

表6-6 回归结果

Variables	(1)	(2)	(3)	(4)	(5)	(6)	(7)
	PR_OUT	RE_IN	MO_IN	PR_OUT	PR_OUT	PR_OUT	PR_OUT
RE_IN	—	—	—	0.612 0***	—	0.522 0***	—
				(0.076 4)		(0.159 0)	
MO_IN	—	—	—	—	0.697 0***	—	0.879 0***
					(0.069 4)		(0.143)
TE_SU	0.549 0***	0.859 0***	0.849 0***	—	—	0.101 0	−0.202 0
	(0.079 1)	(0.049 6)	(0.050 1)			(0.156 0)	(0.139 0)
Asset	0.087 0	0.042 1	0.006 4	0.063 2	0.077 9	0.065 6	0.078 5
	(0.066 6)	(0.041 7)	(0.042 0)	(0.063 3)	(0.056 6)	(0.063 6)	(0.056 3)
Nation	−0.161 0	−0.217 0*	−0.160 0	−0.031 7	−0.045 1	−0.047 4	−0.024 4
	(0.200 0)	(0.125 0)	(0.126 0)	(0.191 0)	(0.171 0)	(0.193 0)	(0.170 0)
Form	0.060 7	0.028 4	0.035 9	0.047 6	0.027 8	0.048 5	0.021 4
	(0.087 6)	(0.053 9)	(0.054 9)	(0.083 0)	(0.075 7)	(0.083 2)	(0.075 4)
行业效应	控制	控制	控制	控制	控制	控制	控制
Constant	−1.192 0	0.524 0	0.581 0	−1.535 0	−1.536 0	−1.477 0	−1.649 0
	(1.357 0)	(0.850 0)	(0.855 0)	(1.285 0)	(1.153 0)	(1.292 0)	(1.149 0)
Observations	116	117	116	116	115	116	115
R-squared	0.508 0	0.809 0	0.806 0	0.559 0	0.647 0	0.561 0	0.655 0
F	3.720 0***	15.440 0***	14.970 0***	4.570 0***	6.520 0***	4.330 0***	6.430 0***

注：*** 表示 $p<0.01$，** 表示 $p<0.05$，* 表示 $p<0.1$。

第四节 结论与启示

本章聚焦创新资源要素少、散、弱的少数民族地区的特殊情境，探索科技政策对企业创新的有效性及其作用机制。研究结果表明：第一，基于财政政策、金融政策、技术政策、人才政策4个维度的科技政策能够激励企业增加研发投入、改善内部激励，从而提升企业的创新资源投入；第二，企业的研发投入和内部激励对企业的创新绩效具有显著的正向影响；第三，基于财政政策、金融政策、技术政策、人才政策4个维度的科技政策对企业的创新绩效具有显著的正向影响；第四，研发投入和内部激励在财政政策、金融政策、技术政策、人才政策等科技政策与企业创新绩效之间起完全中介效应。

本章的理论贡献在于：第一，区别于已有文献仅从财政政策或税收政策、金融政策等单一维度，考察科技政策对企业创新绩效的影响，本章将财政政策、金融政策、技术政策和人才政策纳入统一的科技政策框架，探索科技政策4个维度形态（财政政策、金融政策、技术政策和人才政策）分别对企业创新绩效的影响，拓展和丰富了科技政策有效性的研究；第二，区别于已有文献将企业研发投入直接等同于企业创新，依据公共政策具有正向外部性理论依据，本章将企业的研发投入和内部激励纳入外部政策影响企业创新绩效的传导机制，更符合外部公共政策影响企业创新行为的基本逻辑，拓展和丰富了科技政策影响企业创新路径机制的研究；第三，根据知识生产函数理论的逻辑，企业创新是资源要素投入和制度的函数，已有文献往往忽视内部激励制度对管理层接受外部公共政策影响具有决定性作用的事实，极少将内部激励纳入科技政策作用于企业创新的传导路径机制框架中，掩盖了现实中科技政策失效的约束条件，或容易夸大科技政策的有效性，本章则将研发投入和内部激励同时纳入外部科技政策对企业创新绩效的影响及其影响机制框架，拓展和丰富了该领域的研究。

本章对管理实践的启示在于：第一，政策制定者要不断完善和拓展科技政策的内容体系，从财政、金融、技术、人才等多个维度支持企业创新。第二，科技政策对企业创新具有正向激励效应，这种正向激励效应需要通过企业增加研发投入和改善内部激励的传导机制来实现，这意味着企业创新是外部政策与企业增加投入和加强内部建设共同作用的结果，缺少前者将导致企业创新投入不足的"市场失灵"，缺少后者将大大降低科技政策的有效性和企业创新的水平。因此，对科技政策的制定者而言，增加企业研发投入和内部激励条款约束的科技政策将具有更大的正向激励效应。

第七章 人才政策驱动企业创新发展的激励效应研究

——基于广西科技型小微企业的调查数据

党的十九大报告指出，人才是实现民族振兴、赢得国际竞争主动的战略资源。在中国经济从高速增长向高质量发展转型升级的新时代背景下，人才资源的重要性受到各级政府和企业的充分认识。自 2019 年以来，我国各地纷纷出台各种人才政策招揽各类人才，开展"政府搭台、企业唱戏"的"抢人"大战。在这场轰轰烈烈的"抢人"大战背后，鲜有文献关注"抢人"大战的主导方（政府）和人才落地主要载体（企业）有何动机，政府的人才政策对企业创新发展是否有效，以及人才政策作用于企业创新发展的路径机理等问题。

人才政策是政府公共政策体系的重要组成部分，是对人才引进、培养、激励、评价和使用的一系列制度措施的统称（刘轩，2018），也是形成鼓励创新、支持创新的政策氛围并推进创新环境建设的重要手段和工具。从城市来看，地方政府的人才政策对高端人才招揽、汇聚和普通劳动力资源集聚具有重要作用；从人才个体来看，地方政府的人才政策能为其带来更丰厚的经济报酬和创造更好的创业、就业及创新研发环境，为人才实现自我价值营造良好环境；从企业来看，政府的人才政策吸引和招揽的人才，最终都要落到具体的单位（自主创业除外），其中企业是接收和汇聚人才的集中地，人才汇聚对企业的创新发展具有重要影响。但是，从企业经营实践来看，政府的人才政策是否能够改善和提升经营绩效，并不完全取决于人才政策本身对人才个体的激励程度，而是取决于人才政策是否能够激发人才所在企业对人才的重视与激励。尽管人才政策能够给人才带来一定的安家费、科研启动费等短期的实惠，对人才个体形成一定的激励效应；但是要对人才个体形成长期有效的激励效应，还是要激活企业创新发展的活力，推动企业以创新驱动和效率驱动的高质量发展，关键在于企业不断加强并完善内部激励机制建设（刘轩，2018）。

已有文献多采用规范研究的方法，梳理和总结人才政策的历史演变（刘波等，2008；刘忠艳 等，2018）、国际比较（乌云其其格 等，2009；杜红亮等，2012；刘洋 等，2014）以及优化建议（伍梅 等，2011），极少研究人才政策对企业行为及其经济后果的影响，对人才政策如何影响企业经营绩效的作用机制研究更是空白。基于人才政策有效性及其作用机制研究的不足，本章通过调查广西桂林市、贵港市117家企业研发部门负责人对政府人才政策的感知，探讨人才政策对企业经营绩效的影响及其影响机制。研究发现，人才政策能够改善企业的内部激励机制；企业的内部激励对企业经营绩效具有正向激励作用；人才政策对企业经营绩效具有正向激励作用，而且企业的内部激励在人才政策与企业经营绩效之间起中介效应。

第一节 理论分析与假设发展

一、人才政策对企业内部激励的影响

人才之所以是人才，是由于人才对自身持续投入了大量的资本，这些资本积累转化为人才的人力资本、智力资本等，这些人力资本和智力资本是企业发展过程中边际收益递增的资源；借助一定的平台和载体，人才能够将人力资本、智力资本数倍贡献于企业的创新发展。正因为人才具有这样的特殊属性，才引来各地政府、企业的疯狂"抢人"大战。地方政府的人才政策能够给接收人才的平台和载体（企业）带来什么好处呢？基于资源获取的视角，人才政策能够为企业吸引和招揽到更多的高端人才和更充裕的人力资源，能够降低企业人力资源信息搜集成本和获取成本（刘轩，2018）。资源依赖理论认为，劳动力和资本是企业赖以生存的核心资源，而这些资源企业往往不能自给自足，需要从外部市场争取，这就决定了企业需要主动适应、迎合外部环境的变化（Pfeffer et al.，1978）。人才政策作为政府公共政策的重要组成部分，是政府认定、评价、激励人才的重要工具。企业能否以更低的信息成本和聘用成本获得人才资源，不仅受自身的资源条件、平台基础和内

部激励机制等因素的影响，更受政府的人才政策这一"指挥棒"的影响（刘轩，2018）。因此，企业有动机和积极性对政府的人才政策做出积极的响应，以便能够从人才政策中获得更大的好处。

由于政府的人才政策是"政府搭台、企业唱戏"模式，政府帮助企业牵线搭台，人才能否落地企业，一是要看企业是否能够匹配相应的资源条件和平台基础；二是要看企业的内部激励机制是否能激励人才的成长与进步，如企业能否激发人才资源的潜能、是否真正拥有人才身上的人力资本和智力资本，以及其内部激励机制的建设情况如何。以 X 效率理论为代表的新古典经济学效率理论认为，在既定的资源要素投入水平下，组织内部的制度安排与运行机制及其组织文化对组织的产出绩效起决定性作用（Leibenstein，1966）。新制度经济学认为，制度是经济组织创新发展的重要因素和驱动力，制度通过降低组织内个体之间的摩擦和外部利益主体之间的交易成本，来推动经济组织的创新发展（Williamson，1975）。因此，随着高端人才的汇聚，企业具有改善内部激励机制的动力，以匹配人才成长、发展和发挥作用的激励制度环境需要（Chuang et al.，2015）；同时，企业吸引、留用人才的动机与政府人才政策的动机存在一致性（Schaufeli，2015），表明在政府人才政策的激励下，企业有动机不断加强内部制度建设，完善内部激励机制，为发挥人才作用营造氛围、创造机会、提供平台。本书的研究预期，政府的人才政策能够推动企业改善内部激励机制，以充分吸引人才和发挥人才价值。由此，本章提出研究假设 H7-1。

H7-1：政府的人才政策能够推动企业完善内部激励机制，即人才政策与内部激励显著正相关。

二、内部激励对企业经营绩效的影响

劳动力和资本等资源投入是中国经济和企业快速发展的原动力，反映了中国经济和企业发展都存在资源投入依赖，也正是这种资源投入依赖成为当前中国经济向高质量发展转型和企业创新升级的障碍与瓶颈（中国企业家调查系统，2015）。如何突破企业升级转型过程中的障碍与瓶颈，关键在于企业内部制度机制的建设。新制度经济学认为，组织中的制度、文化、习惯、人情关系等因素对个体行为存在显著的激励与约束作用（黄晓春，2015），其不仅能约束个体的行为，还能够塑造和影响个体的习惯与偏好（黄凯南等，2018），制度通过减少组织内个体之间的摩擦和外部利益主体之间的交

易成本，推动经济组织的创新发展（Williamson，1975）。X效率理论认为，经济组织的绩效依赖于资源要素投入与配置；在既定的资源要素投入水平下，组织内部的制度安排与运行机制及其组织文化对组织的产出绩效起决定性作用（Leibenstein，1966）。基于新制度经济学和X效率理论的逻辑，内部激励制度作为企业的重要资源投入要素，是当前中国企业创新发展和转型升级的核心要素，企业的高质量发展关键是看人才资源高效率、高质量的价值贡献。研究表明，提高企业高管和员工的薪酬水平（夏宁 等，2014）、增加高管的在职消费（冯根福 等，2012）、增强高管和员工的薪酬黏性（徐悦 等，2018）等物质激励，以及增加知识型员工的非物质激励（程隆云 等，2010），对提升企业风险承担和创新绩效以及经营业绩都具有积极作用。基于此，本书的研究预期，随着企业内部激励机制的完善，企业的创新绩效和经营绩效将得到提升。由此，本章提出研究假设H7-2。

H7-2：内部激励对企业经营绩效具有正向激励作用，即内部激励与企业经营绩效显著正相关。

三、人才政策与企业经营绩效：基于内部激励的中介机制

基于资源有限性的资源依赖假说，企业难以自给自足创新发展过程中的全部资源，特别是人才资源和资金资源，企业要生存和发展必须充分整合利用外部各种资源。从资源获取的角度来看，公共政策作为政府重新分配政府资源的常用工具，对企业获取重要资源、引导社会资源向企业汇聚有着重要作用。研究表明，政府的产业政策能够激励企业增加创新投入（谭劲松 等，2017）、提升企业的技术创新绩效（黎文靖 等，2016；余明桂 等，2016）；税收优惠、财政补贴等支持企业创新发展的公共政策对激励企业增加创新投入、提升经营绩效有着显著正向激励作用（李万福 等，2016；李万福 等，2017）。

基于交易成本理论的视角，财政、金融、技术、人才等产业政策通过降低市场的交易成本，使企业获得更多用于支持创新的可支配资源，从而激励企业增加创新资源要素投入，包括研发投入和内部激励制度供给，以此促进企业的创新发展（周燕 等，2019）。基于委托代理理论的视角，政府的公共政策通过对政府资源和社会资源的再分配，引入政府、债权人以及其他外部利益相关者的外部监管和激励，这些外部利益相关者对企业创新和未来可持续发展具有正向的激励作用，从而激励管理层增加企业研发投入和内部激励

制度供给，提升企业的创新绩效（杨洋 等，2015）。与知识产权保护和人才激励相关的人才政策，通过增强企业人才数量、密度和强度，推动企业内部明确知识产权归属和利益分享以及薪酬递增等制度机制，从而提高技术研发人员和管理人才的积极性，进一步推动企业的创新发展和绩效提升（徐喆 等，2017）。基于此，综合假设 H7-1 和假设 H7-2 的理论分析，本章提出研究假设 H7-3、H7-4。

H7-3：人才政策能够提升企业的创新绩效，即人才政策与企业经营绩效显著正相关。

H7-4：内部激励在人才政策与企业经营绩效之间起中介效应。

第二节 研究设计

一、研究样本

广西是我国少数民族自治区之一，桂林市和贵港市是瑶族、苗族、壮族等多个少数民族聚居地，且地处广西的东部和东北部，与最发达的省份（广东省）相邻。自从南广高铁、贵广高铁开通和广西实施强首府（南宁市）战略以来，桂林市作为贵广高铁的中心节点城市，贵港市作为南广高铁的中心节点城市，这两个地级市受到珠三角地区和首府城市强大的"虹吸效应"影响，人才流失严重。在这样的发展环境下，桂林市和贵港市的中小微企业面临更为严峻的人才流失、创新资源短缺、市场要素分散、创新能力和创新水平较弱等挑战。为应对人才流失、引才困难的发展困境，桂林市和贵港市分别出台了一系列人才政策，但这些人才政策能否弥补企业研发投入不足、内部激励机制不健全所带来的"市场失灵"等现象，目前我们尚不清楚。

因此，对广西高铁经济产业园（桂林园）、桂林市高新区、贵港市高新区、贵港市港南区工业园、贵港市港北区产业园等园区 130 家企业的研发部门负责人进行问卷调查，研究人才政策对企业创新绩效的影响及其影响机制，具有重要的理论价值和现实意义。此次调查共发放调查问卷 130 份，共收回 130 份，其中有效问卷 117 份，有效问卷率达到 90%。在 117 个有效样本企业中，有 110 个样本企业为民营企业，占总样本的 94%；组织形式为有限责任制的样本占 69%，股份制的样本企业占 15%，合伙制企业占 5%，其他形式的企业占 11%。在行业分布中，木材加工企业占比最高，达到 29%；

之后是机械行业，占比为11%。整体而言，行业分布较为分散，样本数据较为合理。从资产规模来看，资产规模在1 000万元以下的企业有17家，资产规模在1 000万~4 999万元的企业有52家，资产规模在5 000万~9 999万元的企业有16家，资产规模在1亿~10亿元的企业有24家，资产规模在10亿元以上的企业有8家。

二、测量变量及工具

（一）人才政策

我们借鉴了郭捷和齐央宗（2017）开发的政策测量问卷，包括"人才引进政策""人才培养政策""人才激励与发展政策"3个题项。问卷采用5级Likert-type Scale量表，1~5级分别代表"非常不满意""比较不满意""一般""比较满意"和"非常满意"。表7-1的数据显示，该量表具有较好的信度和效度，人才政策的Cronbach's α 系数值为0.971，均远高于临界值（0.7）；因子分析结果显示，与原先量表各维度题项设计保持一致，累积解释总变异量较高，且每个题项因子载荷均高于参考值0.5。

（二）内部激励

借鉴郭捷和齐央宗（2017）的问卷，组织内部激励包括"制度激励""精神激励""物质激励"3个维度共9个题项。问卷采用5级Likert-type Scale量表，表7-1的数据显示，组织内部激励的Cronbach's α 系数值为0.976，均远高于临界值0.7；因子分析结果显示，与原先量表各维度题项设计保持一致，累积解释总变异量较高，且每个题项因子载荷均高于参考值0.5。

（三）经营绩效

综合借鉴刘轩（2018）、郭捷和齐央宗（2017）的创新绩效测量问卷，我们从销售、利润、资产收益率3个维度共6个题项测量企业的经营绩效。问卷采用5级Likert-type Scale量表，表7-1的数据显示，经营绩效的Cronbach's α 系数值为0.975，均远高于临界值0.7；因子分析结果显示，与原先量表各维度题项设计保持一致，累积解释总变异量较高，且每个题项因子载荷均高于参考值0.5。

（四）控制变量

借鉴已有文献的做法，本章选取企业性质、组织形式、公司规模、行业属性等变量作为控制变量。

测量工具的信效度分析结果见表 7-1。

表 7-1　测量工具的信效度分析结果

研究变量	题项	因子载荷	累积解释量/%	Cronbach's α 系数
人才政策（RC）	RC1	0.961	94.608	0.971
	RC2	0.972		
	RC3	0.985		
	RD2	0.966		
	RD3	0.964		
内部激励（JL）	JL1	0.915	84.014	0.976
	JL2	0.934		
	JL3	0.923		
	JL4	0.938		
	JL5	0.912		
	JL6	0.920		
	JL7	0.893		
	JL8	0.921		
	JL9	0.893		
经营绩效（JX）	JX1	0.943	88.935	0.975
	JX2	0.919		
	JX3	0.937		
	JX4	0.961		
	JX5	0.939		
	JX6	0.958		

第三节　实证结果分析

一、描述性统计

表 7-2 为主要研究变量的描述性统计分析结果。由表 7-2 可知，人才政策（RC）的均值为 3.778，表明企业对人才政策的有效性感知接近比较满意的水平；内部激励（JL）的均值为 3.901，表明企业对自身的内部激励状态接近比较满意的水平；企业经营绩效（JX）的均值为 3.672，略低于其他变

量的均值，表明企业对自身的经营绩效处于一般和比较满意之间。从标准差来看，人才政策的标准差较大，表明不同企业对人才政策的有效性感知存在较大差异；企业内部激励的标准差也较大，表明不同企业之间存在较大的内部激励机制差异；各个企业之间的经营绩效差异相对较小。

表 7-2　主要研究变量的描述性统计分析结果

研究变量	N	均值	标准差	RC	RD	JL	JX
人才政策（RC）	117	3.778	1.006	1	—	—	—
内部激励（JL）	117	3.901	0.879	0.828***	0.876***	1	—
创新绩效（JX）	117	3.672	0.904	0.558***	0.642***	0.711***	1

注：*** 表示 $p<0.001$（双侧）。

各个变量之间的相关性分析结果显示，人才政策与内部激励、创新绩效之间的相关系数较高，且在 1%显著性水平显著为正，表明上述研究变量之间存在显著正相关关系，初步验证了研究假设。

在控制变量的描述性统计中（此处未列示），企业性质（Nation）的均值为 2.9，中位数为 3，表明绝大部分企业为民营企业；组织形式（Form）的均值为 1.6，中位数为 1，表明绝大部分企业为有限责任公司；企业资产规模（Asset）为取自然对数后的年末资产，均值为 8.263 3（16 463.42 万元），中位数为 8.116 7（3 350 万元），表明大部分企业为中小企业，规模相对较小。

二、研究假设检验结果分析

表 7-3 为人才政策对企业内部激励影响的回归结果。由表 7-3 可知，模型 1 为不含控制变量的回归结果，自变量——人才政策的回归系数显著为正，回归模型的 R^2 拟合值较好，F 值和 ΔR^2 较显著，表明人才政策能够激励企业改善内部激励机制；加入控制变量后的回归结果如模型 2 所示，人才政策的回归系数依然显著为正，除 F 值变小且还在 1%水平上显著外，R^2 和 ΔR^2 都较为合理，表明人才政策对企业内部激励的正向激励作用依然存在。因此，本章假设 H7-1 得到支持。

表 7-3 中的模型 3 和模型 4 是探索内部激励对企业经营绩效的影响的回归结果。由表 7-3 可知，模型 3 为不含控制变量的回归结果，自变量——内部激励的回归系数显著为正，回归模型的 R^2 拟合值较好，F 值和 ΔR^2 较显著，表明内部激励能够激励企业内部资源要素特别是人才资源的能动性，从

而促进企业经营绩效的提升；在模型3的基础上加入控制变量后（模型4），内部激励的回归系数依然显著为正，除F值变小且还在1%水平上显著外，R^2和ΔR^2都较为合理，表明内部激励对企业经营绩效的正向激励作用依然存在。因此，本章假设H7-2得到支持。

表7-3中的模型5和模型6为探索人才政策对企业经营绩效的影响的回归结果。由表7-3可知，模型5为不含控制变量的回归结果，自变量——人才政策的回归系数显著为正，回归模型的R^2拟合值较好，F值和ΔR^2较显著，表明人才政策能够增强企业吸引、留用人才的能力，并能够激励人才主动担当、积极作为，从而提升企业经营绩效；在模型5的基础上加入控制变量后（模型6），人才政策的回归系数依然显著为正，除F值变小且还在1%水平上显著外，R^2和ΔR^2都较为合理，表明人才政策对企业经营绩效的正向激励作用依然存在。因此，本章假设H7-3得到支持。

表7-3中的模型7和模型8列示了内部激励作为人才政策与企业经营绩效之间关系的中介效应的回归结果。由表7-3可知，模型7为不含控制变量，仅包含自变量（人才政策）和中介变量（内部激励）的回归结果，自变量——人才政策的回归系数不显著为负，中介变量——内部激励的回归系数显著为正，回归模型的R^2拟合值较好，F值和ΔR^2较显著；相比模型5而言，加入内部激励的中介变量后，自变量——人才政策的回归系数由显著为正变为不显著为负，表明内部激励在人才政策与企业经营绩效之间存在完全中介效应；在模型7的基础上加入控制变量后（模型8），自变量和中介变量的回归系数及显著性保持不变，进一步表明内部激励在人才政策与企业经营绩效之间的完全中介效应。因此，本章假设H7-4得到支持。

按照温忠麟和叶宝娟（2014）提供的方法，本书对内部激励在人才政策与企业经营绩效之间的中介效应进行了Sobel检验，检验结果如表7-4所示。由表7-4可知，Sobel Z值均在1%水平上显著，总效应高达46%。以上证据稳健支持内部激励在人才政策与企业经营绩效之间起中介效应，即本章假设H7-4稳健成立。

表 7-3 人才政策对企业内部激励影响的回归结果

变量		模型 1 内部激励	模型 2 内部激励	模型 3 经营绩效	模型 4 经营绩效	模型 5 经营绩效	模型 6 经营绩效	模型 7 经营绩效	模型 8 经营绩效
控制变量	企业性质	—	-0.030	—	-0.097	—	-0.117	—	-0.093
	组织形式	—	0.000	—	0.107	—	0.114	—	0.108
	公司规模	—	0.046	—	0.010	—	0.081	—	0.040
	行业属性	—	-0.075	—	0.140**	—	0.108	—	0.161*
自变量（中介变量）	人才政策	0.827***	0.834***	—	—	0.558***	0.524***	-0.094	-0.149
	内部激励	—	—	0.711***	0.686***	—	—	0.788***	0.808***
R^2		0.684	0.682	0.505	0.516	0.312	0.318	0.318	0.519
F		248.882***	50.243***	117.461***	25.758***	52.075***	11.714***	11.714***	21.511***
ΔR^2		0.681***	0.682***	0.501***	0.537***	0.306***	0.266***	0.266***	0.201***

注：* 表示 $p<0.05$，** 表示 $p<0.01$，*** 表示 $p<0.001$（双侧）。

表 7-4 内部激励在人才政策与企业经营绩效之间起中介机制的 Sobel 检验结果

变量		Path a （模型 2） 内部激励	Path b （模型 6） 经营绩效	Path c （模型 8） 经营绩效
控制变量	企业性质	-0.030	-0.117	-0.093
	组织形式	0.000	0.114	0.108
	公司规模	0.046	0.081	0.040
	行业属性	-0.075	0.108	0.161*
自变量 （中介变量）	人才政策	0.834***	0.524***	-0.149
	内部激励	—	—	0.808***
R^2		0.682	0.318	0.519
F		50.243***	11.714***	21.511***
ΔR^2		0.682***	0.266***	0.201***
Sobel Z		—	—	6.273
Sobel Z 对应的 P 值		—	—	0.000

表7-4(续)

变量	Path a (模型 2)	Path b (模型 6)	Path c (模型 8)
	内部激励	经营绩效	经营绩效
间接效应	—	—	60%
直接效应	—	—	–14%
总效应	—	—	46%

注：* 表示 $p<0.05$，** 表示 $p<0.01$，*** 表示 $p<0.001$（双侧）。

第四节　结论与启示

本章聚焦于人才资源要素少、流失严重的少数民族地区的特殊情境，探索人才政策对企业经营绩效的影响及其影响机制。研究发现，政府的人才政策与企业内部激励显著正相关，内部激励与企业经营绩效显著正相关，人才政策与企业经营绩效显著正相关。这些证据表明，政府的人才政策不仅能够激励人才个人积极担当作为、发挥人才效应，还能够激励企业改善内部激励机制以吸引更多的人才，为人才发挥聪明才干营造氛围、创造环境和提供平台，从而促进企业经营绩效的提升；同时也表明，改善内部激励机制，是政府人才政策对企业经营绩效发挥正向激励作用的中介机制。

本章的贡献主要集中在两个方面：第一，人才是企业创新发展最核心的资源，区别于已有文献侧重关注财政政策、税收政策、金融政策等带来的资金效应，本章更关注人才政策带来的人力资本效应，考察人才政策对企业加强内部激励制度建设的激励，探讨人才政策对企业行为（激励制度机制建设）和经营绩效的影响，拓展和丰富了人才政策有效性的研究；第二，已有文献探索公共政策的有效性作用机制主要集中在资金资源投入路径，这种基于资源要素投入的路径机制已经不适合当前我国经济从高速增长向高质量发展转型的实际需要，只有强调人才驱动和完善企业内部激励机制建设，才能构建企业实现高质量发展的内生动力。本章在探索人才政策作用于企业经营绩效的路径机制方面更侧重于企业的内部激励，更符合"人—激励—绩效"的基本逻辑，拓展和丰富了该领域的研究成果。

本章对管理实践的启示主要在于两个方面：一是政策制定者不但要不断完善和拓展科技政策的内容体系，更应该关注对"人才"本身和企业内生机制建设的激励。二是人才政策对企业经营绩效具有正向激励效应，这种正向激励效应需要通过企业改善内部激励的传导机制来实现。这就意味着，企业创新发展是外部政策与企业内部激励建设共同作用的结果，缺少前者将导致企业创新发展过程中人才资源的投入不足的"市场失灵"，缺少后者将大大降低人才政策的有效性和企业创新发展的水平。因此，对人才政策的制定者而言，增加企业改善内部激励的条款约束的人才政策将具有更大的正向激励效应。

第八章 科技政策驱动企业创新发展的路径机制研究

——基于创新投入的视角

财政政策是提升企业创新能力的重要政策选择之一，在世界各国企业创新实践中取得了显著成效，但是关于财政政策等公共政策的有效性问题，理论界和政策界一直存在不同的声音。一种观点认为，财政政策对企业创新具有激励效应，即"有效论"（江静，2011；李万福 等，2016）；另一种观点认为，财政政策对企业自主创新不仅无效，反而阻碍、抑制企业的自主创新，即"抑制论"（Michael，2009；王俊，2010；李苗苗 等，2014）；还有一种观点认为，财政政策对企业自主创新的正向激励效应只有在一定范围内成立，超过一定范围将引发企业的机会主义，从而导致财政政策的无效，甚至适得其反，即"适度有效论"（冯海红 等，2015；黎文靖 等，2016；李万福 等，2017；周燕 等，2019）或"无效论"（陈林等，2008）。关于公共政策如何作用于企业创新的理论机制，"有效论"认为，财政政策能够为企业创新增加创新资源，向市场释放政府信任和扶持的信号，从而弥补企业自主创新过程中可能存在的创新知识泄露而导致的"市场失灵"问题（Stiglitz，1989）；"抑制论"则认为，财政政策可能存在挤出企业自身的创新投入，从而阻碍企业的自主创新行为（Kaiser，2006）。

已有文献关于财政政策有效性研究结论的不一致性，导致人们对财政政策的积极意义存在认知模糊和误区，加深了政策制定者左右为难的窘境；同时，已有文献极少探讨财政政策作用于企业自主创新的理论机制，实证检验财政政策作用于企业创新的传导机制的文献更少，降低了人们对财政政策在实践中的有效性的认识。针对这些问题，本章根据 2006—2018 年我国 A 股非金融上市公司的大样本数据提出两个竞争性假说："溢出效应"假说和"挤出效应"假说，并预期通过实证检验财政政策、创新投入及企业创新之间的内生关系，深入分析和考察两种假说现实的适用性和合理性。本章的边际贡献在于：①能够补充财政政策经济后果的研究。以往文献仅限于讨论财政政策与创新投入以及财政政策与创新产出之间关系的二元框架，忽略了财政政策作为外生的外部因素，要通过内部创新投入的行为才能对企业创新绩效产生影响的传导机理。本章将财政政策、创新投入与创新产出纳入统一的研究框架，系统检验了财政政策及其强度与企业创新投入、企业创新投入与企业创新产出以及财政政策对企业创新产出等之间的相互关系，拓展和丰富了现有的研究体系。②丰富了企业创新影响因素的研究。已有文献从生产函数出发，认为企业创新是资源投入的函数，将创新投入直接等同于（或约等于）企业创新（唐清泉 等，2009；李万福 等，2016；李万福 等，2017），但这种做法显然无法解释同样的创新投入却有不同的创新产出的实践现象。③丰富和拓展了创新投入的影响因素和经济后果的研究。已有文献将创新投入的前因与后果进行割裂研究，本章则基于双链条的理论推演和中介效应的实证检验方法，切入创新投入的中介效应视角，系统分析和检验了我国非金融上市公司对外部公共政策的反应、吸收与转化的传导途径和机理路径，不仅探究创新投入的影响因素，而且在行为动机推演下进一步探讨创新投入的后果，丰富和拓展了创新投入的研究。

第一节　理论分析与假设发展

一、理论分析：激励效应 VS 挤出效应

企业自主创新过程中存在动力、行为和绩效水平不足的"市场失灵"，即创新动力不足、创新投入行为不足和创新水平供给不足。企业创新过程中为什么会存在"市场失灵"？原因在于企业创新过程中创新知识存在正的外部溢出或泄露，使竞争对手获得"搭便车"的机会，从而降低了创新企业的私人收益（杨洋 等，2015），也降低了企业的创新动力和创新投入的积极性，最终降低了企业和整个社会的创新产出，特别是在知识产权保

护力度较小的市场环境下，企业自发的创新动力与创新投入行为不足将更加明显。与此同时，某些领域的创新存在系统性问题，私人企业自发的创新动力和创新投入存在固有的市场失灵，如网络技术等准公共产品，需要政府给予必要的支持。因此，政府依托产业政策、财政政策等政策手段介入私人企业的创新活动中，以财政补贴等形式调配和引导市场资源配置，促进和引导企业创新投入行为及其创新绩效（Kang et al.，2012）。已有文献对财政政策是否有效和财政政策如何作用于企业创新的机理存在较大争论，主要体现在两种不同的假说："激励效应"假说和"挤出效应"假说。

（一）"激励效应"假说

基于公共政策溢出效应的视角，财政政策的目的和功能是弥补企业创新过程中固有的"市场失灵"问题（Stiglitz，1989；杨洋 等，2015）。财政政策能够弥补企业创新过程中的"市场失灵"问题体现了财政政策具有正向的外部性，而这种正向的外部性是通过资源获取和信号传递两种机制影响企业的创新动机、创新行为及创新绩效的。

从资源获取的视角来看，财政政策直接提升了企业所稀缺的创新资源，降低了企业创新活动的边际成本，缓解了企业创新的不确定性带来的创新投入压力，从而弥补企业自主创新活动中创新动力不足和创新资源投入不足的"市场失灵"（Techer，2002；Hussinger，2008）。从信号传递的视角来看，政府通过产业政策、财政政策等政策工具向市场释放一种良好的信号，这种信号可以表明该产业（企业）的发展前景、技术水平对国家经济的重要性，政府将有持续扶持该产业（企业）的可能（郭玥，2018）。这种信号不但能提振企业所有者和经营者对企业未来发展前景的信心，对市场各利益相关者也具有非常好的吸引力，能够帮助企业更好地获得各利益相关者的认可和支持；同时也能够吸引和引导创新资源向这些企业流动和配置，从而缓解企业创新的融资约束（任曙明 等，2014）、分担创新失败的风险（解维敏 等，2009）、弥合私人收益率与社会收益率之间的差距（Clausen，2009），实现对企业创新动机、创新投入行为和创新绩效的正向激励效应。

（二）"挤出效应"假说

财政政策对企业创新的挤出效应，意味着其对企业创新不仅无效，还具有负向作用。从信息经济学的视角来看，作为财政政策制定者的政府在企业创新活动过程中处于信息劣势，不仅难以把握哪些产业应该支持、在产业发展的哪个阶段支持、哪种支持方式成本最小和收益最大，还难以甄别哪个企业、哪个项目值得支持，导致财政政策存在事前的逆向选择问题和事后的道德风险问题（Antonelli et al.，2011），从而增加把有限的财政资金投向低效率项目的风险。从代理理论的视角来看，政府部门内部存在严重的委托代理成本和寻租风险，部分政府官员出于政绩、寻租等个人利益，更倾向于把有限的财政资金投向风险低、回报率稳定、周期短见效快的项目，而这些企业、项目面临的融资约束往往较小，从而导致政府补贴挤出企业自有研发支出（张杰 等，2015；Catozzella et al.，2016；李万福等，2017），降低财政资金的配置效率和创新绩效。从管理机会主义的视角来看，财政政策虽然能够促进企业的创新产出，但这种创新产出并不是实质性创新产出，而是策略性创新产出，目的是企业经营者出于个人私利和商业帝国的考虑，为"骗取"政府财政政策扶持带来的巨额财政补贴的一种策略选择（黎文靖 等，2016）。这种创新策略下的财政政策的有效性必然不高，而且还可能产生逆向引导的作用，导致过度投资（魏志华 等，2015）、"寻补贴"投资（毛其淋 等，2015），从而浪费了有限的公共资源，也减弱了财政政策的正向激励效应，甚至导致财政政策对企业创新的负向激励（张帆 等，2018）。

二、假设发展

（一）财政政策对企业创新投入的影响

企业创新是一项不确定性高、风险高的投资活动，需要持续的资金投入和充足的创新资源集聚，才有可能获得有效的创新产出（Hall，2002）。基于企业的视角，企业作为"经济人"的集合体，追求经济利益最大化是企业一切资源配置的基本原则。创新需要大量资源投入，且产出具有不确定性，在短期，大规模的创新投入将挤占企业资源投向能够产生明确效益的领域，大部分企业将缺乏创新投资的积极性，特别是在两权分离的现代企业中，经理人面临短期的业绩考核压力，更缺乏将有限资源投资于创新研发活动，从而抑制了企业的创新发展能力与水平，导致了短期内企业创新投入的"市场失灵"。正是基于这样的"市场失灵"，财政政策通过政府行政手段将企业创新过程中最为短缺的资源要素直接输入创新企业，如研发资金投入，或引导资源要素向创新企业流动，如融资优惠，目的是弥补企业创新积极性不够、创新投入不足的"市场失灵"问题。因此，财政政策通常被认为是纠正企业缺乏创新投资的"市场失灵"的有效外部干预（江静，2011；李万福 等，2016；余明桂 等，2016；谭劲松 等，2017）。为了提高财政政策带来的创新资源的利用率，政府一般都对财政政策受益企业设置一定的约束条件，如规定财政政策受益企业配套相应的创新投入，以调动企业加大创新投入力度。同时，财政补贴等财政政策通过提高边际收益，促进创新企业增加创新投入；税收优惠和融资优惠等财政政策通过降低成本，促进创新企业增加创新投入（张同斌 等，2012）。企业财政政策也由此真正成为"帮助之手"。因此，本章提出研究假设 H8-1。

H8-1：财政政策与企业创新投入之间显著正相关。

（二）创新投入对企业创新绩效的影响

传统经济学效率理论认为，经济组织的绩效依赖于资源要素投入与配置（胡寄窗，1988）。企业创新是资源要素投入的函数，是生产要素的重新组合（熊彼特，1934）。知识生产函数理论认为，企业创新是资金、人力资源等创新投入和内部激励制度等资源要素投入的函数（朱平芳 等，2003；吴延兵，2006）。劳动力和资本等资源投入是中国经济和企业快速发展的原动力，反映了中国经济和企业发展都存在资源投入依赖，也正是这种资源投入依赖成为当前中国经济向高质量发展转型和企业创新升级的障碍与瓶颈（中国企业家调查系统，2015）。如何突破企业升级转型过程中的障碍与瓶颈，制度经济学认为，制度不仅能约束个体的行为，还能够塑造和影响个体的习惯和偏好（黄凯南 等，2018）。新制度经济学认为，制度是经济组织创新发展的重要因素和驱动力，制度通过降低组织内个体之间的摩擦和外部利益主体之间的交易成本，推动经济组织的创新发展（wiliamson，1975）。由此可见，以创新投入和内部激励制度为核心的资源要素投入是当前中国企业创新的基础，不少文献甚至直接以创新投入衡量企业创新（唐清泉 等，2009；李万福 等，2016；李万福 等，2017）。研究表明，企业创新投入与企业技术创新效率呈显著正相关（王惠 等，2016），创新投入强度与企业创新绩效显著正相关（戴小勇 等，2013）。因此，本章提出研究假设 H8-2。

H8-2：创新投入与企业创新绩效之间显著正相关。

（三）财政政策与企业创新绩效：创新投入的传导机制

财政政策的政策目标是解决科技领域的知识生产和扩散以及应用问题，这些问题主要表现为研发资金如何筹措、使用以及社会资本的配置引导，人才、技术等要素的流转与定价，技术专利的转让与产业化等。由于市场存在逐利性，解决这些问题仅依靠市场力量是不够的，需要政府"帮助之手"以克服"市场失灵"。财政政策的"帮助之手"如何发挥作用，帮助企业提升创新能力和创新？对于这一路径机制问题，现有文献探讨较少且结论存在较大冲突。少量研究认为，财政政策通过降低市场交易成本（周燕 等，2019）、促进企业创新投入（李苗苗 等，2014；李晨光 等，2015），从而实现促进企业创新的目的，可惜并未获得充分的实证证据支持。李苗苗等（2014）基于 216 家战略性新兴产业上市公司的研究发现，财政政策对企业创新投入和技术创新能力存在动态的门槛效应，当财政补贴处于特定一区间时，财政政策对企业的创新投入和技术创新能力具有正向激励效应；而当低于或高于这一区间时，这种正向激励效应却逆转为抑制效应。周燕和潘遥（2019）认为，产业政策通过影响市场的交易成本，从而影响产业政策对企业创新发展的激励效应；但该研究并没有具体测量交易成本，也就没有获得实证的证据，仅有少量研究对此进行了实证探索。张同斌和高铁梅（2012）的研究发现，相比税收优惠政策而言，财政政策更能促进高新技术产业的发展；同时，财政政策通过提升企业研发支出，从而提升企业的创新产出；而税收政策通过降低价格，从而提升高效技术产业的创新发展。李晨光和张永安（2015）的研究发现，财政政策通过提升企业的创新投入，从而提升企业的创新能力和创新产出。创新能够为企业带来更高的效率和效益，而传统经济学效率理论认为，效率与效益的提升依赖于资源要素的投入与配置（马歇尔，1890；胡寄窗，1988）。因此，财政政策治理企业创新过程中所面临的"市场失灵"问题，理论上首先应该是激励企业增加创新资源投入，以达到创新资源汇聚的目的；其次是通过改善企业内部机制，调动经理人和技术人员的积极性，以实现提升企业创新产出的目标。综合以上分析，本章提出研究假设 H8-3、H8-4。

H8-3：财政政策与企业创新绩效之间显著正相关。

H8-4：企业创新投入在财政政策与企业创新绩效之间的关系中起中介效应。

第二节　研究设计

一、样本选择与数据来源

为获得大样本实证证据，本章以 2007—2018 年我国 A 股非金融类上市公司为研究样本，以其财务报表附注中披露的政府补助作为政府财政政策支持企业创新的替代变量，考察财政政策对企业创新的激励效应。本章的数据来源于 Wind 数据库，连续变量数据进行首尾 1% 的缩尾处理；实证分析采用 Stata 12 软件进行。

二、实证模型设计

（一）变量定义

1. 被解释变量

黎文靖和郑曼妮（2016）认为，专利申请量比专利授权量更能反映企业创新的动机和能力，更适合作为衡量企业创新产出的替代变量。因此，本章的被解释变量——企业创新以企业的专利申请数量为衡量，符号记为 Innov。

2. 解释变量

本章的解释变量包括财政政策和企业创新投入。财政补贴政策是支持企业创新最主要的财政政策工具之一，按照李万福和杜静（2016）的做法，本章以企业获得政府的财政补贴作为衡量企业受财政政策的影响，即以财政补贴政策作为财政政策的替代变量，符号记为 Gov，并分别从两个维度测量财政政策：一是测量财政政策的有效性，符号记为 Gov1，此变量为哑变量，当企业获得财政补贴时取值 1，否则取值 0；二是测量财政政策的强度，符号记为 Gov2，以企业获得的财政补贴金额占年末总资产的比重来衡量。企业创新投入以财务报表中的研发资金投入金额占年末总资产的比重来衡量，符号记为 RD。

3. 控制变量

参考李万福和杜静（2016）的做法，本章控制企业资产规模、财务杠杆、成长性、净资产收益率、企业年限等影响企业创新的其他重要变量的影响，以及行业和年度的固定效应。具体的控制变量定义如表 8-1 所示。

表 8-1　控制变量定义

变量名称	变量符号	变量定义
企业创新绩效	Innov	等于企业专利申请总数的自然对数
创新投入	RD	等于企业研发资金投入除以年末总资产×100
财政政策	Gov1	财政政策的有效性，获得财政补贴取值 1；否则取值 0
	Gov2	财政政策的强度，等于财政补贴除以年末总资产
资产规模	Asset	等于年末总资产的自然对数
财务杠杆	LEV	等于总负债除以总资产
企业成长性	Growth	等于前后两期营业收入的变化率
净资产收益率	ROE	等于净利润除以总资产
企业年龄	Age	等于公司成立年限

（二）模型设定

为检验假设 H8-1，本章构建回归模型（8-1）：

$$\mathrm{RD}_{i,t} = \eta_0 + \eta_1 \mathrm{Gov}_{i,t} + \sum \eta_k \mathrm{Controls}_{k,i,t} + \mathrm{Indu} + \mathrm{Year} + \mu_{i,t} \quad (8-1)$$

为检验假设 H8-2，本章构建回归模型（8-2）：

$$\mathrm{Innov}_{i,t} = \lambda_0 + \lambda_1 \mathrm{RD}_{i,t} + \sum \lambda_k \mathrm{Controls}_{k,i,t} + \mathrm{Indu} + \mathrm{Year} + \zeta_{i,t} \quad (8-2)$$

$$\mathrm{Innov}_{i,t} = \beta_0 + \beta_1 \mathrm{Gov}_{i,t} + \sum \beta_k \mathrm{Controls}_{k,i,t} + \mathrm{Indu} + \mathrm{Year} + \varepsilon_{i,t}$$

（Path a）

$$\mathrm{RD}_{i,t} = \alpha_0 + \alpha_1 \mathrm{Gov}_{i,t} + \sum \alpha_k \mathrm{Controls}_{k,i,t} + \mathrm{Indu} + \mathrm{Year} + \mu_{i,t}$$

（Path b）

$$\mathrm{Innov}_{i,t} = \beta_0 + \beta_1 \mathrm{Gov}_{i,t} + \beta_2 \mathrm{RD}_{i,t} + \sum \beta_k \mathrm{Controls}_{k,i,t} + \mathrm{Indu} + \mathrm{Year} + \upsilon_{i,t}$$

（Path c）

为检验假设 H8-3 和 H8-4，参考温忠麟和叶宝娟（2014）的做法，本章构建三步检验中介效应回归模型。第一步，构建不含企业创新投入 $\mathrm{RD}_{i,t}$ 的路径模型（Path a），检验财政政策 $\mathrm{Gov}_{i,t}$ 对企业创新 $\mathrm{Innov}_{i,t}$ 的影响，观测路径模型（Path a）的回归系数 β_1；第二步，构建财政政策 $\mathrm{Gov}_{i,t}$ 对企业创新投入 $\mathrm{RD}_{i,t}$ 的影响的路径模型（Path b），观测回归系数 α_1；第三步，构建同时包含财政政策 $\mathrm{Gov}_{i,t}$ 和企业创新投入 $\mathrm{RD}_{i,t}$ 对企业创新 $\mathrm{Innov}_{i,t}$ 的影响的路径模型（Path c），观测回归系数 β_1 和 β_2。如果路径模型（Path a）的回归系数 β_1 显著为正，则假设 H8-3 成立。如果路径模型（Path a）的回归系数 β_1 显著为正，路径模型（Path b）的回归系数 α_1 显著为正，路径模型（Path c）的回归系数 β_1 和 β_2 显著为正，且 Sobel Z 值统计上显著，则表明假设 H8-3 成立，且表明企业创新投入 $RD_{i,t}$ 在财政政策与企业创新之间的关系中起部分中介效应，即假设 H8-4 成立。如果路径模型（Path a）的回归系数 β_1 显著为正，路径模型（Path b）的回归系数 α_1 显著为正，路径模型（Path c）的回归系数 β_2 显著为正，但回归系数 β_1 不显著为正，且 Sobel Z 值统计上显著，则表明假设 H8-3 成立，且表明企业创新投入 $RD_{i,t}$ 在财政政策与企业创新之间的关系中起完全中介效应，即假设 H8-4 成立。

第三节　实证结果分析

一、描述性统计

如图 8-1 所示，我国上市公司的专利申请量从 2007 年的 1 433 件提升到 2018 年的 3 465 件；平均每家上市公司的专利申请量从 2007 年的 4.46 件提升到 2018 年的 21.21 件；专利申请总量和平均量（均值）都呈现逐年提升趋势，但平均专利申请量在 2015 年后呈下降趋势。如图 8-2 所示，我国上市公司获得财政补贴金额从 2007 年的 1 940 万元提升到 2018 年的 3 860 万元，剔除 2008 年美国金融危机影响导致财政补贴大幅增加的异常情况，整体而言政府财政补贴企业的金额呈逐年上升趋势；2015 年以后，财政补贴金额呈下降趋势。相比财政补贴的总量而言，企业获得财政补贴占资产的比重并没有呈现与财政补贴总量相应的显著趋势。因此，本章选择财政补贴占总资产的比重衡量财政政策对企业创新的强度显得更为合理。

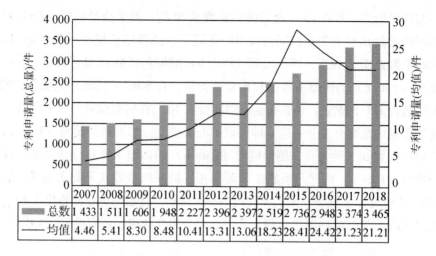

图8-1 我国上市公司专利申请情况（2007—2018）

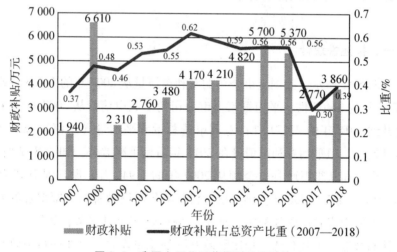

图8-2 我国上司公司获得财政补贴情况

如表8-2所示，RD的均值为1.3539，表明样本公司的研发资金投入占总资产的比重为1.35%。财政政策的有效性（Gov1）的均值为0.9105，表明91%的样本上市公司得到政府财政补贴；财政政策的强度（Gov2）的均值为0.0054，表明样本企业受财政政策支持的强度为0.54%；在受财政政策支持的26002个样本中，样本企业平均获得财政补贴4460万元。样本企业的资产规模均值为21.93，财务杠杆为44.31%，营业收入平均增速为20.9776%，净资产收益率为6.968%，企业年龄均值为17年。

表 8-2　描述性统计

变量	观测值	均值	标准差	最小值	中位数	最大值
Innov	28 560	0.566 3	1.299 9	0.000 0	0.000 0	5.433 7
RD	28 560	1.353 9	1.742 0	0.000 0	0.726 6	8.821 2
Gov1	28 560	0.910 5	0.285 5	0.000 0	1.000 0	1.000 0
Gov2	26 002	0.005 4	0.007 3	0.000 0	0.002 9	0.041 4
Asset	28 560	21.930 0	1.308 1	19.081 1	21.775 5	25.888 1
LEV	28 560	0.443 1	0.224 6	0.049 5	0.433 0	1.128 5
Growth	28 560	20.977 6	54.691 0	-64.879 5	12.048 5	399.640 5
ROE	28 560	6.968 0	14.029 9	-73.885 2	7.550 3	41.867 3
Age	28 560	17.463 2	5.695 0	1.000 0	17.000 0	64.000 0

如表 8-3 所示，解释变量（Gov1 和 Gov2）与被解释变量（Innov）、中介变量（RD）之间显著正相关，相关系数均小于 0.3，表明模型设计和变量选择符合回归模型的基本要求。

表 8-3　回归模型变量的相关系数表

变量	Innov	RD	Gov1	Gov2	Asset	LEV	Growth	ROE	Age
Innov	1	—	—	—	—	—	—	—	—
RD	0.193 ***	1	—	—	—	—	—	—	—
Gov1	0.083 ***	0.126 ***	1	—	—	—	—	—	—
Gov2	0.064 ***	0.243 ***	0.217 ***	1	—	—	—	—	—
Asset	0.057 ***	-0.135 ***	0.104 ***	-0.147 ***	1	—	—	—	—
LEV	-0.063 ***	-0.297 ***	-0.084 ***	-0.095 ***	0.366 ***	1	—	—	—
Growth	-0.004 00	-0.006 00	-0.018 ***	-0.022 ***	0.050 ***	0.025 ***	1	—	—
ROE	0.045 ***	0.068 ***	0.033 ***	0.049 ***	0.108 ***	-0.192 ***	0.223 ***	1	—
Age	-0.044 ***	-0.012 **	-0.059 ***	-0.090 ***	0.151 ***	0.120 ***	-0.010 *	-0.062 ***	1

注：*** 表示 $p<0.01$，** 表示 $p<0.05$，* 表示 $p<0.1$。

二、实证结果分析

（一）财政政策对创新投入的影响的检验结果

表 8-4 列（1）显示，表示财政政策有效性的解释变量（Gov1）的单变量检验结果在 1% 水平显著，表明因财政政策而获得财政补贴的企业进行了更多的创新投入；进一步加入其他控制变量后，财政政策的有效性

（Gov1）的回归系数的显著性依然不变［见表8-4列（2）］，表明财政政策能够正向激励企业进行更多的创新投入，因此假设H8-1成立。

（二）创新投入对企业创新绩效的影响的检验结果

表8-4列（3）显示，创新投入（RD）的单变量检验结果在1%水平显著，表明创新投入（RD）与企业创新绩效显著正相关；进一步加入其他控制变量后，创新投入（RD）的回归系数的显著性依然不变［见表8-4列（4）］，表明创新投入对企业创新绩效具有正向激励效应，因此假设H8-2成立。

表8-4　假设H8-1和H8-2的检验结果

变量	(1) RD	(2) RD	(3) Innov	(4) Innov
Gov1	0.250 0***	0.251 0***	—	—
	(0.025 7)	(0.026 6)		
RD	—	—	0.126 0***	0.130 0***
			(0.006 3)	(0.006 5)
Asset	—	−0.096 2***	—	0.124 0***
		(0.007 5)		(0.007 2)
LEV	—	−0.859 0***	—	−0.117 0***
		(0.042 5)		(0.034 4)
Growth	—	−0.000 3*	—	−0.000 1
		(0.000 1)		(0.000 1)
ROE	—	0.009 1***	—	0.001 6***
		(0.000 7)		(0.000 5)
Age	—	−0.024 6***	—	−0.006 5***
		(0.001 6)		(0.001 5)
年度固定效应	控制	控制	控制	控制
行业固定效应	控制	控制	控制	控制
常数项	−0.264 0***	2.417 0***	0.286 0***	−2.365 0***
	(0.048 0)	(0.161 0)	(0.073 3)	(0.167 0)
样本量	28 560	28 560	28 560	28 560
R^2	0.324 0	0.359 0	0.073 0	0.086 0
F 值	636.150 0***	591.030 0***	123.890 0***	103.550 0***

注：*** 表示 $p < 0.01$，** 表示 $p < 0.05$，* 表示 $p < 0.1$。

（三）财政政策对企业创新绩效的影响：基于创新投入的中介效应

财政政策通过何种路径机制提升企业的创新能力和创新水平一直是理论界和实务界关注的重点问题。仅有少量文献指出，财政政策通过提升企业的创新投入，从而促进企业的创新能力和创新产出（张同斌 等，2012；李晨光 等，2015）。鉴于产业政策的有效性在学术界还存在一定程度的质疑，部分学者认为产业政策会引起企业管理层的机会主义，并挤出自有创新投入（李万福 等，2016；黎文靖 等，2016）。因此，本章以财政政策的有效性（Gov1）为主检验，检验财政政策对企业创新绩效的正向激励效应，以及创新投入（RD）在财政政策与企业创新绩效之间正向关系中的中介效应。

表8-5第2列显示了路径模型（Path a）检验财政政策对企业创新绩效的影响，财政政策（Gov1）的回归系数显著为正，表明财政政策对企业创新绩效具有显著的正向激励效应，因此研究假设H8-3得到支持。

表8-5第3列显示了路径模型（Path b）检验财政政策对企业创新投入的影响，创新投入（RD）的回归系数显著为正，表明财政政策对创新投入具有显著的正向激励效应，因此研究假设H8-1得到支持。

表8-5第4列显示了路径模型（Path c）检验创新投入在财政政策与企业创新绩效之间正向关系的中介效应，财政政策（Gov1）和创新投入（RD）的回归系数均显著为正。综合表8-4第2~4列的检验结果，表明创新投入在财政政策与企业创新绩效之间正向关系起部分中介效应，因此研究假设H8-4得到支持。

表8-5　创新投入对财政政策与企业创新绩效之间关系的影响

变量	路径模型（Path a）Innov	路径模型（Path b）RD	路径模型（Path c）Innov
RD	—	—	0.130 0*** (0.006 5)
Gov1	0.072 6*** (0.020 7)	0.251 0*** (0.026 6)	0.040 1* (0.020 5)
Asset	0.110 0*** (0.007 4)	−0.096 2*** (0.007 5)	0.122 0*** (0.007 4)
LEV	−0.225 0*** (0.034 8)	−0.859 0*** (0.042 5)	−0.113 0*** (0.034 5)

表8-5(续)

变量	路径模型（Path a）Innov	路径模型（Path b）RD	路径模型（Path c）Innov
Growth	−0.000 2 (0.000 1)	−0.000 3* (0.000 1)	−0.000 1 (0.000 1)
ROE	0.002 8*** (0.000 5)	0.009 1*** (0.000 7)	0.001 6*** (0.000 5)
Age	−0.009 6*** (0.001 5)	−0.024 6*** (0.001 6)	−0.006 4*** (0.001 5)
年度固定效应	控制	控制	控制
行业固定效应	控制	控制	控制
常数项	−2.047 0*** (0.167 0)	2.417 0*** (0.161 0)	−2.361 0*** (0.167 0)
样本量	28 560	28 560	28 560
R^2	0.067 0	0.359 0	0.086 0
F 值	99.810 0***	591.030 0***	101.900 0***

注：*** 表示 $p<0.01$，** 表示 $p<0.05$，* 表示 $p<0.1$。

三、稳健性检验

（一）替换解释变量

本章以财政政策强度（Gov2）替换财政政策的有效性（Gov1），进行稳健性检验，检验结果如表8-6所示。表8-6的列（1）和列（2）显示，财政政策强度（Gov2）的回归系数显著为正，表明财政政策对创新投入具有正向激励效应，假设H8-1稳健成立。表8-6的列（3）和列（4）显示，创新投入（RD）的回归系数显著为正，表明创新投入对企业创新绩效具有正向激励效应，假设H8-2稳健成立。表8-6的列（5）和列（6）显示，财政政策强度（Gov2）的回归系数显著为正，表明财政政策对企业创新绩效具有正向激励效应，假设H8-3稳健成立。表8-6的列（7）和列（8）显示，财政政策强度（Gov2）的回归系数不显著为正，创新投入（RD）的回归系数显著为正，表明创新投入（RD）在财政政策与企业创新绩效之间的正向关系中起完全中介效应，假设H8-4稳健成立。

表 8-6 替换解释变量的稳健性检验结果

变量	(1) RD	(2) RD	(3) Innov	(4) Innov	(5) Innov	(6) Innov	(7) Innov	(8) Innov
Gov2	43.190 0***	39.680 0***	—	—	4.411 0***	6.314 0***	0.423 0	1.785 0
	(1.915 0)	(1.849 0)			(1.160 0)	(1.168 0)	(1.111 0)	(1.111 0)
RD	—	—	0.126 0***	0.130 0***	—	—	0.125 0***	0.128 0***
			(0.006 3)	(0.006 5)			(0.006 4)	(0.006 5)
Asset	—	-0.061 2***	—	0.124 0***	—	0.123 0***	—	0.125 0***
		(0.007 2)		(0.007 2)		(0.008 6)		(0.007 3)
LEV		-0.926 0***		-0.117 0***		-0.268 0***		-0.120 0***
		(0.042 8)		(0.034 4)		(0.041 4)		(0.034 5)
Growth		-0.000 2		-0.000 1		-0.000 1		-0.000 1
		(0.000 1)		(0.000 1)		(0.000 1)		(0.000 1)
ROE		0.007 5***		0.001 6***		0.002 8***		0.001 6***
		(0.000 7)		(0.000 5)		(0.000 6)		(0.000 5)
Age		-0.023 2***		-0.006 5***		-0.008 9***		-0.006 4***
		(0.001 6)		(0.001 5)		(0.001 7)		(0.001 5)
年度固定效应	控制	控制	控制	控制	控制	控制	控制	控制
行业固定效应	控制	控制	控制	控制	控制	控制	控制	控制
常数项	-0.161 0***	1.790 0***	0.286 0***	-2.365 0***	0.284 0***	-2.300 0***	0.285 0***	-2.388 0***
	(0.048 2)	(0.161 0)	(0.073 3)	(0.167 0)	(0.083 6)	(0.198 0)	(0.073 3)	(0.168 0)
样本量	28 560	28 560	28 560	28 560	26 002	26 002	28 560	28 560
R^2	0.351 0	0.381 0	0.073 0	0.086 0	0.050 0	0.063 0	0.073 0	0.086 0
F 值	649.970 0***	607.950 0***	123.890 0***	103.550 0***	104.020 0***	86.650 0***	119.640 0***	100.520 0***

注: *** 表示 $p<0.01$, ** 表示 $p<0.05$, * 表示 $p<0.1$。

（二）替换中介变量

知识生产函数理论认为，企业创新是研发资金和人力资源、制度供给等资源要素投入的函数（朱平芳 等，2003；吴延兵，2006）。已有文献大多数以研发资金投入测量创新投入，极少文献关注到研发人员投入作为企业创新的另一重要资源要素投入对企业创新绩效的影响。本章以研发人员投入（RDper[①]）替换创新投入（RD）进行稳健性检验，检验结果如表 8-7 所示。

---

① 以人力资源投入为衡量的研发人员投入（RDper），等于研发人员占总员工数的比值；研发人员投入（RDper）的均值为 0.056 8，表明研发人员占比为 5.68%。

表 8-7　替换中介变量的稳健性检验结果

变量	(1) RDper	(2) RDper	(3) Innov	(4) Innov	(5) Innov	(6) Innov	(7) Innov
Gov1	0.542 0***	—	—	0.072 6***	—	0.067 2***	—
	(0.167 0)			(0.020 7)		(0.020 6)	
Gov2	—	93.710 0***	—	—	6.314 0***	—	5.983 0***
		(8.363 0)			(1.168 0)		(1.117 0)
RDper	—	—	0.009 9***	—	—	0.009 9***	0.009 5***
			(0.001 1)			(0.001 1)	(0.001 1)
Asset	−0.344 0***	−0.264 0***	0.116 0***	0.110 0***	0.123 0***	0.113 0***	0.120 0***
	(0.039 7)	(0.038 8)	(0.007 2)	(0.007 4)	(0.008 6)	(0.007 4)	(0.007 3)
LEV	−2.546 0***	−2.699 0***	−0.206 0***	−0.225 0***	−0.268 0***	−0.200 0***	−0.213 0***
	(0.235 0)	(0.235 0)	(0.034 7)	(0.034 8)	(0.041 4)	(0.034 7)	(0.034 7)
Growth	0.001 9*	0.002 1**	−0.000 2*	−0.000 2	−0.000 1	−0.000 2*	−0.000 2
	(0.001 0)	(0.001 0)	(0.000 1)	(0.000 1)	(0.000 1)	(0.000 1)	(0.000 1)
ROE	0.002 7	−0.001 1	0.002 8***	0.002 8***	0.002 8***	0.002 8***	0.002 5***
	(0.003 8)	(0.003 7)	(0.000 5)	(0.000 5)	(0.000 6)	(0.000 5)	(0.000 5)
Age	−0.106 0***	−0.102 0***	−0.008 7***	−0.009 6***	−0.008 9***	−0.008 5***	−0.008 4***
	(0.010 1)	(0.001 0)	(0.001 5)	(0.001 5)	(0.001 7)	(0.001 5)	(0.001 5)
年度固定效应	控制	控制	控制	控制	控制	控制	控制
行业固定效应	控制	控制	控制	控制	控制	控制	控制
常数项	9.621 0***	8.145 0***	−2.150 0***	−2.047 0***	−2.300 0***	−2.143 0***	−2.236 0***
	(0.839 0)	(0.840 0)	(0.167 0)	(0.167 0)	(0.198 0)	(0.167 0)	(0.168 0)
样本量	28 560	28 560	28 560	28 560	26 002	28 560	28 560
R^2	0.472 0	0.476 0	0.070 0	0.067 0	0.063 0	0.071 0	0.071 0
F 值	520.730 0***	526.560 0***	98.050 0***	99.810 0***	86.650 0***	98.050 0***	96.700 0***

注：*** 表示 $p<0.01$，** 表示 $p<0.05$，* 表示 $p<0.1$。

表 8-7 的列（1）和列（2）显示，财政政策的有效性（Gov1）和财政政策的强度（Gov2）的回归系数显著为正，表明财政政策对研发人员投入（RDper）具有显著正向激励效应，假设 H8-1 稳健成立。表 8-7 的列（3）显示，研发人员投入（RDper）的回归系数显著为正，表明研发人员投入对企业创新绩效具有显著正向激励效应，假设 H8-2 稳健成立。表 8-7 的列（4）和列（5）显示，财政政策的有效性（Gov1）和财政政策的强度（Gov2）的回归系数显著为正，表明财政政策对企业创新绩效具有正向激励效应，假设 H8-3 稳健成立。表 8-7 的列（6）和列（7）显示，财政政策的有效性（Gov1）和财政政策的强度（Gov2）的回归系数显著为正，研发人员投入（RDper）的回归系数显著为正，表明研发人员投入在财政政策与企业创新绩效之间的正向关系中起部分中介效应，假设 H8-4 稳健成立。

（三）中介效应 Sobel 检验

按照温忠麟和叶宝娟（2014）提供的方法，本章对创新投入（RD）的中介效应进行 Sobel 检验，检验结果如表 8-8 所示，Sobel Z 为 16.51，在 1% 水平显著，研发资金投入（RD）的中介效应占比为 32.8%。以上证据表明，创新投入（RD）在财政政策与企业创新绩效之间存在显著的部分中介效应，研究假设 H8-4 稳健成立。

表 8-8　创新投入的中介效应 Sobel 检验

变量	路径模型（Path a）Innov	路径模型（Path b）RD	路径模型（Path c）Innov
RD	—	—	0.130 0***
			（0.006 5）
Gov1	0.072 6***	0.251 0***	0.040 1*
	（0.020 7）	（0.026 6）	（0.020 5）
Asset	0.110 0***	-0.096 2***	0.122 0***
	（0.007 4）	（0.007 5）	（0.007 4）
LEV	-0.225 0***	-0.859 0***	-0.113 0***
	（0.034 8）	（0.042 5）	（0.034 5）
Growth	-0.000 2	-0.000 3*	-0.000 1
	（0.000 1）	（0.000 1）	（0.000 1）
ROE	0.002 8***	0.009 1***	0.001 6***
	（0.000 5）	（0.000 7）	（0.000 5）
Age	-0.009 6***	-0.024 6***	-0.006 4***
	（0.001 5）	（0.001 6）	（0.001 5）
年度固定效应	控制	控制	控制
行业固定效应	控制	控制	控制
常数项	-2.047 0***	2.417 0***	-2.361 0***
	（0.167 0）	（0.161 0）	（0.167 0）
样本量	28 560	28 560	28 560
R^2	0.067 0	0.359 0	0.086 0
F 值	99.810 0***	591.030 0***	101.900 0***
Sobel Z	—	—	16.51
Sobel Z 对应的 P 值	—	—	0.000
中介效应占比/%	—	—	32.8

注：*** 表示 $p<0.01$，** 表示 $p<0.05$，* 表示 $p<0.1$。

四、内生性检验

为避免存在反向因果和遗漏变量的内生性问题，本章以滞后 1 期的财政政策强度（LagGov2）作为解释变量，考察财政政策对企业创新绩效的影响，实证结果如表 8-9 所示。表 8-9 的列（1）显示，滞后 1 期的财政政策强度（LagGov2）的回归系数显著为正，表明财政政策对创新投入具有正向激励效应，假设 H8-1 稳健可靠。表 8-9 的列（2）显示，创新投入（RD）的回归系数显著为正，表明创新投入对企业创新绩效具有正向激励效应，假设 H8-2 稳健可靠。表 8-9 的列（3）显示，滞后 1 期的财政政策强度（LagGov2）的回归系数显著为正，表明财政政策对企业创新绩效具有正向激励效应，假设 H8-3 稳健可靠。表 8-9 的列（4）显示，滞后 1 期的财政政策强度（LagGov2）的回归系数显著为正，创新投入（RD）的回归系数显著为正，表明创新投入（RD）在财政政策与企业创新绩效之间存在显著的部分中介效应，研究假设 H8-4 稳健成立。

表 8-9　内生性检验结果

变量	（1） 假设 H7-1 （RD）	（2） 假设 H7-2 （Innov）	（3） 假设 H7-3 （Innov）	（4） 假设 H7-4 （Innov）
LagGov2	37.790 0*** (1.911 0)	—	8.250 0*** (1.213 0)	3.280 0*** (1.176 0)
RD	—	0.130 0*** (0.006 7)	—	0.132 0*** (0.006 9)
Asset	−0.056 1*** (0.007 4)	0.124 0*** (0.007 2)	0.115 0*** (0.007 5)	0.122 0*** (0.007 5)
LEV	−0.896 0*** (0.044 3)	−0.117 0*** (0.034 4)	−0.231 0*** (0.035 9)	−0.113 0*** (0.035 6)
Growth	−0.000 3** (0.000 1)	−0.000 1 (0.000 1)	−0.000 2** (0.000 1)	−0.000 2* (0.000 1)
ROE	0.007 9*** (0.000 7)	0.001 6*** (0.000 5)	0.003 0*** (0.000 5)	0.002 0*** (0.000 5)
Age	−0.022 8*** (0.001 7)	−0.006 5*** (0.001 5)	−0.010 3*** (0.001 7)	−0.007 3*** (0.001 6)
年度固定效应	控制	控制	控制	控制
行业固定效应	控制	控制	控制	控制

表8-9(续)

变量	（1） 假设 H7-1 （RD）	（2） 假设 H7-2 （Innov）	（3） 假设 H7-3 （Innov）	（4） 假设 H7-4 （Innov）
常数项	1. 799 0 *** (0. 165 0)	−2. 365 0 *** (0. 167 0)	−2. 069 0 *** (0. 174 0)	−2. 305 0 *** (0. 174 0)
样本量	26 391	28 560	26 391	26 391
R^2	0. 379 0	0. 086 0	0. 072 0	0. 091 0
F 值	550. 180 0	103. 550 0 ***	92. 270 0	94. 320 0

注：*** 表示 $p<0.01$，** 表示 $p<0.05$，* 表示 $p<0.1$。

第四节　结论与启示

在财政政策对提升企业创新绩效和经营效率的正向激励效应尚存争议的背景下，针对现有文献仅探讨财政政策对企业创新绩效是否有效的问题，而缺少探讨财政政策如何影响企业创新绩效的路径机制问题，本章研究财政政策对企业创新绩效的影响及其影响机制有着重要意义。本章以我国 A 股上市公司为研究对象，以财政补贴作为考察财政政策的切入口，考察财政政策对企业创新绩效的影响及其影响机制。研究发现，财政政策对企业研发资金投入和研发人员投入都具有正向激励效应；研发资金和研发人员为核心的创新投入对企业创新绩效具有正向激励效应；财政政策对企业创新绩效具有显著的正向激励效应；财政政策是通过提升企业的创新投入（包括资金和人力资本的投入）从而促进创新能力和创新产出的提升的，表明财政政策对企业创新绩效的正向激励效应是通过创新投入的中介机制发生的。

本章的理论贡献主要体现在两个方面：第一，本章将财政政策、创新投入和企业创新绩效纳入一个统一的分析框架，探索财政政策、创新投入和企业创新绩效三者之间的相互关系，拓展了现有的研究框架；第二，本章进一步支持财政政策有效性的研究结论，是对李苗苗等（2014）的研究结论的补充，也是对李晨光和张永安（2015）研究的改进，丰富了财政政策有效性领域的研究。本章的现实价值主要体现在：其结论为财政政策的有效性争议提供了正面支持证据。本章对政策制定者有两点启示：第一，加大财政政策支持企业创新绩效的力度，对当前中国经济创新驱动发展具有重要现实意义；第二，在制定和推进财政政策支持企业创新绩效的过程中，应关注企业自身的创新投入是否及时跟进，以确保财政政策对企业创新绩效发挥更大的激励效应。

第九章 科技政策驱动企业创新发展的路径机制研究

——基于高管薪酬的视角

创新活动具有高风险性和正外部性，是导致企业创新动力和创新投入不足的"市场失灵"的根源之一。新古典经济学凯恩斯主义认为，政府利用"有形之手"干预市场，能够弥补市场"无形之手"的不足，引导和提升资源有效配置（Cappelen et al.，2012；Rao，2016）。科技政策作为政府"干预"企业创新市场的重要工具手段，能够缓解企业创新资源不足的压力，引导企业增加创新资源投入，提升企业乃至全社会的创新绩效。因此，科技政策成为各国政府调节企业创新过程中创新动力和创新投入不足的首选工具（徐喆 等，2017）。已有研究发现，科技政策对企业创新具有正向激励效应（江静，2011；冯海红 等，2015；李万福 等，2016；周燕等，2019）；也有研究发现，政府通过科技政策"有形之手"干预企业创新并不是那么有效，科技政策带来的外部创新资源有可能挤出企业内部创新资源的投入（李万福 等，2017；张帆 等，2018），也可能引起管理者的机会主义行为（黎文靖 等，2016），从而导致新的"市场失灵"，降低了公共创新资源的技术效率和配置效率；还有研究发现，科技政策与企业创新之间存在门槛效应，即两者之间呈倒"U"形关系（李苗苗 等，2014）。从已有文献的研究结论来看，科技政策对企业创新是否有效存在不一致的证据；但从世界各国特别是我国企业创新的实践来看，科技政策能够促进企业创新是毫无疑问的。因此，杨瑞龙和候方宇（2019）等学者认为，理论研究的关键问题不是探索科技政策是否有效，理论研究的重点应该聚焦于"为什么同样的科技政策，对不同的企业存在显著的激励差异"等问题，探索科技政策有效性的路径机制和边界。

　　企业要不要技术创新、投入多少资源用于技术创新、以何种模式进行技术创新等问题，归结起来是一个经营管理问题，如何应对和处理这些问题取决于企业经理层，特别是企业的高管。由于创新所特有的高风险性和高不确定性，在企业资源有限的情况下，基于短期业绩压力和个人私利，作为理性经济人的高管缺乏开展技术创新或增加创新投入的动力，即使面对科技政策能够增加企业创新资源的外部诱惑，理性的高管对此诱惑也不会有很大的响应，除非科技政策能给高管带来足够的收益，以弥补增加创新投入带来的高风险和潜在损失（徐悦 等，2018）。因此，如果高管对技术创新不积极，甚至抵触技术创新，那么科技政策对企业创新的正向激励效应也就无法实现；换句话说，高管对科技政策的感知及响应程度将决定科技政策对企业创新正向激励效应的实现程度，也是科技政策在不同企业中存在激励效应差异的内在原因之一。遗憾的是，已有文献几乎没有从内部激励的视角去探讨科技政策激励企业创新的路径机制，导致人们对科技政策为什么有效或无效缺乏深刻认识。基于此，本章从高管激励的视角去探索科技政策影响企业创新及其影响机制，是对已有文献的极大补充和拓展。

第一节　理论分析与假设发展

一、科技政策与高管薪酬

　　从政府实施科技政策的动机来看，实施科技政策的目的是试图解决科技领域的知识生产和扩散以及应用问题，这些问题主要表现为研发资金如何筹措、使用以及社会资本的配置引导，人才、技术等要素的流转与定价，技术专利的转让与产业化等。由于市场存在逐利性，解决这些问题仅依靠市场力量是不够的，还需要政府"帮助之手"以克服"市场失灵"，以财政补贴、税收优惠等为主要内容的科技政策成为推动企业创新的重要助推器（徐喆 等，2017）。从企业高管投资技术创新的动机来看，尽管技术创新存在较高的风险和增加短期业绩的不确定性，但是增加技术创新投入将增加技术研发和企业未来发展的复杂性，从而增加代理人（高管）与委托人（股东）之间的信息不对称，委托代理关系之间的信息不对称将为代理人谋求更高的薪酬报酬（包括货币薪酬、股权期权等非货币薪酬和在职消费等隐性福利）和更大的内部控制权（陈修德 等，2015）；同时，更高的薪酬是对高管冒险投资于技术创新的风险补偿制度安排（周泽将 等，2018）。因此，从动机层面看，政府实施科技政策以激励企业技术创新，与企业高管进行技术创新投入以获得更大私利，两者的动机具有一致性。正是基于两者内在动机的一致性，才能解释企业高管为什么会迎合政府实施科技政策的"指挥棒"；同时，如果高管不能借助科技政策的政策效应谋求更多的私利，那将严重削弱高管进行技术创新投资的积极性，这也可以解释为什么科技政策在不同企业之间存在显著的激励效应差异。因此，基于理性经济人假设，本章预期企业迎合科技政策加大创新力度的目的，是企业高管为自己谋求更多的私利。由此，本章提出研究假设 H9-1。

H9-1：科技政策能给高管带来更高的货币薪酬。

二、高管薪酬与企业创新

以 X 效率理论为代表的新古典经济学效率理论认为，在既定的资源要素投入水平下，组织内部的制度安排与运行机制及其组织文化对组织的产出绩效起决定性作用（Leibenstein，1966）。新制度经济学认为，制度是经济组织创新发展的重要因素和驱动力，主要是通过降低组织内个体之间的摩擦和外部利益主体之间的交易成本来推动经济组织的创新发展（wiliamson，1975）。技术创新具有不确定性和高风险，在企业资源有限的前提下，增加企业资源投向于创新研发，一方面意味着短期业绩的不确定性风险增加，另一方面业绩的不确定性也增加了经理人薪酬的不确定性。因此，要激励高管从事创新投资活动，需要增加高管薪酬契约的激励强度，以激励高管承担创新投资带来的不确定性风险。高管薪酬作为企业激励制度的重要构成，对激励高管主动承担风险、提高高管努力程度和企业经营绩效有着显著激励效应。研究发现，提升高管薪酬和员工薪酬能够促进企业可持续成长（夏宁 等，2014）；高管货币薪酬正向促进企业研发效率，但这一正向关系受到区域市场发展、行业等外部环境的制约（陈修德 等，2015）。周泽将等（2018）指出，高管薪酬作为高管承担风险的补偿机制，能够激励高管承担创新带来的不确定性风险和短期业绩下降风险的意愿。徐悦等（2018）指出，高管薪酬黏性作为鼓励高管从事创新活动、容忍高管创新初期失败的制度安排，能够缓解具有风险规避倾向的高管过分保守的投资行为；但高管薪酬黏性并非越高越好，而是只有当业绩下降时对高管降低惩罚或适当奖励，高管薪酬黏性才会保持对研发创新的正向激励效应。

综上所述，科技政策试图激励企业增加创新投入、提升创新能力并提高创新产出；而高管则可能因为担心创新投资导致短期业绩的不确定性风险和自身业绩薪酬的不确定性风险，从而导致高管缺乏创新投资的积极性。因此，高管薪酬能否得到保障或得到可持续提升预期，成为激励高管是否愿意承担创新投资带来的不确定性风险的关键。因此，要提升企业的创新水平，必须要先提升高管的薪酬水平。由此，本章提出研究假设 H9-2。

H9-2：高管薪酬提升能够提升企业创新水平。

三、科技政策与企业创新

基于公共政策溢出效应的视角，科技政策的目的和功能是弥补企业创新过程中固有的"市场失灵"问题（Stiglitz，1989；杨洋 等，2015）。科技政策能够弥补企业创新过程中的"市场失灵"问题体现了科技政策具有正向的外部性，而这种正向的外部性是通过资源获取和信号传递两种机制影响企业的创新动机、创新行为和创新绩效的。从资源获取的角度来看，科技政策直接提升了企业所稀缺的创新资源，降低了企业创新活动的边际成本，减小了企业创新的不确定性带来的创新投入风险，从而弥补企业自主创新活动中创新动力不足和创新资源投入不足的"市场失灵"（Techer，2002；Hussinger，2008）。从信号传递的角度来看，政府通过财政、税收、金融等政策工具向市场释放了一种良好的信号，这种信号可以表明该产业（企业）的发展前景、技术水平对国家经济的重要性，政府将有持续扶持该产业（企业）的可能（郭玥，2018）。这种信号不但能提振企业所有者和经营者对企业未来发展前景的信心，对市场各利益相关者也具有非常好的吸引力，能够帮助企业更好地获得各利益相关者的认可和支持；同时也能够吸引和引导创新资源向这些企业流动和配置，从而缓解企业创新的融资约束压力（任曙明 等，2014）、分担创新失败的风险（解维敏 等，2009）、弥合私人收益率与社会收益率之间的差距（Clausen，2009），实现对企业创新动机、创新投入行为和创新绩效的正向激励效应。由此，本章提出研究假设 H9-3。

H9-3：科技政策对企业创新具有正向激励效应。

四、科技政策激励企业创新的机理：高管薪酬的中介效应

综合前述内容，创新投资具有不确定性和高风险，在企业资源有限的前提下，增加企业资源投向于创新活动，一方面意味着短期业绩的不确定性风险增加，另一方面业绩的不确定性增加了高管薪酬的不确定性，由此导致高管缺乏创新投资的积极性。政府实施科技政策的目的是通过"有形之手"激励企业增加创新投入、提升创新能力和创新产出，以弥补企业创新中的"市场失灵"；但企业是否愿意从事创新投资或增加创新投入，取决于负责企业经营管理的高管；而高管是否有动力增加技术创新投入，主要取决于企业是否设置合理的风险分担与补偿机制。高管薪酬作为企业最常用的激励制度安排，是激励高管承担风险、缓解高管道德风险倾向、降低委托代理成本的重要激励机制（汪平 等，2014；夏宁 等，2014；徐悦等，2018；周泽将 等，2018；黄庆华 等，2019）。因此，高管薪酬的高低既是高管是否愿意从事创新投资的关键因素，也是科技政策目标能否实现的关键因素；提升高管薪酬水平应该是降低高管委托代理成本、增强科技政策对企业创新的正向激励效应的重要中介路径机制。由此，本章提出研究假设 H9-4。

H9-4：科技政策通过提升高管薪酬从而实现对企业创新发挥正向激励效应。

第二节　研究设计

一、样本选择与数据来源

为获得大样本实证证据，本章以 2007—2018 年我国 A 股非金融类上市公司为研究样本，以其财务报表附注中披露的政府补助作为科技政策的替代变量，考察科技政策对企业创新的激励效应。本章的数据来源于 Wind 数据库，连续变量数据进行首尾 1% 的缩尾处理。

二、实证模型设计

（一）变量定义

黎文靖和郑曼妮（2016）认为，专利申请量比专利授权量更能反映企业创新的动机和能力，更适合作为衡量企业创新产出的替代变量。因此，本章的被解释变量——企业创新以企业的专利申请数量来衡量。解释变量为科技政策，按照李万福和杜静（2016）的做法，本章以企业财务报表附注中披露的财政补贴作为衡量科技政策的替代变量。中介变量为企业高管薪酬，包括管理层的薪酬和 CEO（首席执行官）的薪酬两类。参考李万福和杜静（2016）的做法，本章控制企业资产规模、财务杠杆、成长性、净资产收益率、企业年限等影响企业创新的其他重要变量的影响，以及行业和年度的固定效应。变量定义如表 9-1 所示。

表 9-1　变量定义

变量名称	变量符号	变量定义
企业创新	Innov	企业专利申请总数+1 的自然对数
高管薪酬	Pay_m	管理层薪酬之和除以应付职工薪酬
	Pay_3m	排名前三位高管的薪酬之和除以应付职工薪酬
科技政策	Gov	财政补贴除以年末总资产
	LagGov	滞后 1 期的 Gov
资产规模	Asset	年末总资产的自然对数
财务杠杆	LEV	总负债除以总资产
企业成长性	Growth	前后两期营业收入的变化率
净资产收益率	ROE	净利润除以总资产
企业年龄	Age	公司成立年限

（二）回归模型

为检验科技政策对高管薪酬的影响（假设 H9-1），此处构建回归模型（9-1）。

$$\text{Pay}_{i,t} = \alpha_0 + \alpha_1 \text{Gov}_{i,t} + \sum \alpha_k \text{Controls}_{k,i,t} + \text{Indu} + \text{Year} + \varepsilon_{i,t} \quad (9-1)$$

为检验高管薪酬对企业创新的影响（假设 H9-2），此处构建回归模型（9-2）。

$$\text{Innov}_{i,t} = \lambda_0 + \lambda_1 \text{Pay}_{i,t} + \sum \lambda_k \text{Controls}_{k,i,t} + \text{Indu} + \text{Year} + \omega_{i,t}$$

$$(9\text{-}2)$$

为检验科技政策对企业创新的影响（假设 H9-3），此处构建回归模型
（9-3）。

$$\text{Innov}_{i,t} = \alpha_0 + \alpha_1 \text{Gov}_{i,t} + \sum \alpha_k \text{Controls}_{k,i,t} + \text{Indu} + \text{Year} + \mu_{i,t}$$

$$(9\text{-}3)$$

为检验假设 H9-4，参考温忠麟和叶宝娟（2014）的做法，此处构建
中介效应检验模型：第一步，构建不含高管薪酬 $\text{Pay}_{i,t}$ 的路径模型（Path a），
检验科技政策 $\text{Gov}_{i,t}$ 对企业创新 $\text{Innov}_{i,t}$ 的影响，观测路径模型（Path a）的
回归系数 β_1。第二步，构建科技政策 $\text{Gov}_{i,t}$ 对高管薪酬 $\text{Pay}_{i,t}$ 的影响的路径
模型（Path b），观测回归系数 α_1。第三步，构建同时包含科技政策 $\text{Gov}_{i,t}$
和高管薪酬 $\text{Pay}_{i,t}$ 对企业创新 $\text{Innov}_{i,t}$ 的影响的路径模型（Path c），观测回
归系数 β_1 和 β_2。如果路径模型（Path a）的回归系数 β_1 显著为正，则假设
H9-3 成立；如果路径模型（Path a）的回归系数 β_1 显著为正，且路径模型
（Path c）的回归系数 β_2 显著为正，则表明假设 H9-4 成立，即高管薪酬
$\text{Pay}_{i,t}$ 在科技政策与企业创新之间起中介效应；如果路径模型（Path c）的
回归系数 β_1 显著为正，则表明高管薪酬 $\text{Pay}_{i,t}$ 在科技政策与企业创新之间
起部分中介效应；如果路径模型（Path c）的回归系数 β_1 不显著为正，则
表明高管薪酬 $\text{Pay}_{i,t}$ 在科技政策与企业创新之间起完全中介效应。

$$\text{Innov}_{i,t} = \beta_0 + \beta_1 \text{Gov}_{i,t} + \sum \beta_k \text{Controls}_{k,i,t} + \text{Indu} + \text{Year} + \mu_{i,t}$$

$$(\text{Path a})$$

$$\text{Pay}_{i,t} = \alpha_0 + \alpha_1 \text{Gov}_{i,t} + \sum \alpha_k \text{Controls}_{k,i,t} + \text{Indu} + \text{Year} + \varepsilon_{i,t}$$

$$(\text{Path b})$$

$$\text{Innov}_{i,t} = \beta_0 + \beta_1 \text{Gov}_{i,t} + \beta_2 \text{Pay}_{i,t} + \sum \beta_k \text{Controls}_{k,i,t} + \text{Indu} + \text{Year} + \mu_{i,t}$$

$$(\text{Path c})$$

在以上模型中，$\text{Innov}_{i,t}$ 为被解释变量——企业创新，$\text{Gov}_{i,t}$ 为解释变
量——科技政策，以当期企业获得的财政补贴为替代变量（Gov）；$\text{Pay}_{i,t}$ 为
中介变量——高管薪酬，包括管理层薪酬 Pay_m 和排名前三位高管的薪酬
Pay_3m；其他变量定义见表 9-1。

第三节　实证结果分析

一、描述性统计

表 9-2 显示，样本企业的创新产出（Innov）均值为 0.600 1（取自然对数前专利申请均值为 17.279 3 件）；管理层薪酬（Pay_m）占应付职工薪酬的 63.92%，表明管理层薪酬与员工薪酬之间的差距较大；排名前三位的高管薪酬（Pay_$3m$）占应付职工薪酬的 23.23%；样本企业获得科技政策支持的强度为 0.005 4，滞后 1 期的科技政策支持强度为 0.005 1。样本企业的资产规模均值为 21.973 0，财务杠杆为 43.72%，营业收入平均增速为 20.668 9%，净资产收益率为 7.114 6%，企业年龄均值为 17 年。表 9-3 的相关系数显示，解释变量（Gov）与被解释变量（Innov）显著正相关，表明科技政策对企业创新具有正向激励作用，初步验证了假设 H9-4；中介变量（Pay_m 和 Pay_$3m$）与被解释变量（Innov）之间显著正相关，初步验证了假设 H9-2；解释变量（Gov）与中介变量（Pay_m 和 Pay_$3m$）之间显著正相关，表明科技政策能够提升管理层的薪酬水平，初步验证了假设 H9-1。

表 9-2　描述性统计

变量	样本量	均值	标准差	最小值	中位数	最大值
Innov	25 991	0.600 1	1.330 0	0.000 0	0.000 0	5.433 7
Pay_m	25 801	0.639 2	2.005 6	0.004 8	0.185 9	17.454 9
Pay_$3m$	25 756	0.232 3	0.674 7	0.001 5	0.067 6	5.454 1
Gov	25 991	0.005 4	0.007 3	0.000 0	0.002 9	0.041 4
LagGov	23 936	0.005 1	0.007 2	0.000 0	0.002 6	0.041 4
Asset	25 991	21.973 0	1.277 9	19.081 1	21.798 9	25.888 1
LEV	25 991	0.437 2	0.219 1	0.049 5	0.428 1	1.128 5
Growth	25 991	20.668 9	52.173 1	−64.879 5	12.161 5	399.640 5
ROE	25 991	7.114 6	13.643 1	−73.885 2	7.656 2	41.867 3
Age	25 991	17.358 6	5.655 9	1.000 0	17.000 0	64.000 0

表 9-3　相关系数

变量	Innov	Gov	LagGov	Pay_m	Pay_3m	Asset	LEV	Growth	ROE	Age
Innov	1	—	—	—	—	—	—	—	—	—
Gov	0.048 ***	1	—	—	—	—	—	—	—	—
LagGov	0.065 ***	0.535 ***	1	—	—	—	—	—	—	—
Pay_m	0.008 *	0.031 ***	0.022 ***	1	—	—	—	—	—	—
Pay_3m	0.012 *	0.034 ***	0.025 ***	0.979 ***	1	—	—	—	—	—
Asset	0.042 ***	-0.187 ***	-0.140 ***	-0.149 ***	-0.168 ***	1	—	—	—	—
LEV	-0.057 ***	-0.085 ***	-0.104 ***	-0.072 ***	-0.080 ***	0.432 ***	1	—	—	—
Growth	-0.002	-0.021 ***	-0.001	0.014 **	0.015 **	0.057 ***	0.024 ***	1	—	—
ROE	0.043 ***	0.046 ***	-0.003	0.002	0.001	0.089 ***	-0.198 ***	0.234 ***	1	—
Age	-0.042 ***	-0.084 ***	-0.046 ***	-0.020 **	-0.012 *	0.176 ***	0.120 ***	-0.015 **	-0.064 ***	1

注：*** 表示 $p<0.01$，** 表示 $p<0.05$，* 表示 $p<0.1$。

二、实证结果分析

表 9-4 列（1）的结果显示，科技政策（Gov）的回归系数显著为正，意味着企业获得财政补贴越多、受科技政策支持强度越大，高管层的薪酬水平就越高。这表明，以鼓励企业创新为出发点的科技政策，通过财政补贴的方式要求企业增加创新投入，企业加大创新投入力度增加了代理人与委托人之间的信息不对称，从而为企业高管谋取私利、提高货币薪酬提供了机会。也就是说，科技政策推动企业创新加剧了企业内部信息不对称，从而为企业高管求更高的薪酬提供了机会，支持假设 H9-1。表 9-4 列（2）的结果显示，科技政策（Gov）与排名前三位高管的薪酬（Pay_3m）显著正相关，同样支持假设 H9-1。

表 9-4 列（3）的结果显示，高管层薪酬（Pay_m）的回归系数显著为正，意味着高管薪酬越高，企业的创新水平越高。这表明，通过薪酬激励能够使企业高管更愿意承担创新带来的不确定性风险，也充分体现货币薪酬作为企业风险承担的有效补偿机制，对激励高管主动承担风险、克服保守不作为和积极作为有显著激励作用（周泽将 等，2018）。这一证据支持研究假设 H9-2。表 9-4 列（4）的结果显示，排名前三位高管的薪酬（Pay_3m）与企业创新（Innov）之间显著正相关，这一证据同样支持研究假设 H9-2。

表 9-4 列（5）的结果显示，科技政策（Gov）的回归系数显著为正，意味着企业获得财政补贴越多、受科技政策支持强度越大，高管层的薪酬

水平就越高。这表明，以鼓励企业创新为出发点的科技政策，通过财政补贴的方式要求企业增加创新投入，而创新投入的增加必然能够提升企业的创新水平（吴延兵，2006；李万福 等，2017），符合资源获取观的创新理论的逻辑（Techer，2002；Hussinger，2008）。这一证据支持研究假设 H9-3。表 9-4 列（6）的结果显示，滞后 1 期的科技政策（LagGov）与企业创新之间的关系显著为正，这一证据同样支持研究假设 H9-3。

表 9-4　实证回归结果

变量	（1） Pay_m	（2） Pay_m	（3） Innov	（4） Innov	（5） Innov	（6） Innov
Gov	3.473 0[*] (1.961 0)	1.251 0[*] (0.658 0)	—	—	6.328 0[***] (1.168 0)	—
Pay_m	—	—	0.007 7[**] (0.003 8)	—	—	—
Pay_3m	—	—	—	0.021 3[*] (0.011 1)	—	—
LagGov	—	—	—	—	—	7.533 0[***] (1.272 0)
Asset	-0.249 0[***] (0.011 3)	-0.096 7[***] (0.003 9)	0.119 0[***] (0.008 6)	0.120 0[***] (0.008 6)	0.123 0[***] (0.008 6)	0.119 0[***] (0.008 9)
LEV	-0.329 0[***] (0.074 1)	-0.112 0[***] (0.025 5)	-0.250 0[***] (0.041 5)	-0.250 0[***] (0.041 5)	-0.268 0[***] (0.041 5)	-0.258 0[***] (0.042 8)
Growth	0.000 8[**] (0.000 6)	0.000 3[**] (0.000 1)	-0.000 2 (0.000 1)	-0.000 2 (0.000 1)	-0.000 1 (0.000 1)	-0.000 2[*] (0.000 1)
ROE	-0.000 4 (0.000 9)	-0.000 1 (0.000 3)	0.003 1[***] (0.000 6)	0.003 1[***] (0.000 6)	0.002 8[***] (0.000 6)	0.003 4[***] (0.000 6)
Age	0.001 5 (0.002 3)	0.001 6[**] (0.000 8)	-0.009 2[***] (0.001 7)	-0.009 2[***] (0.001 7)	-0.008 9[***] (0.001 7)	-0.009 9[***] (0.001 8)
Year	控制	控制	控制	控制	控制	控制
Indu	控制	控制	控制	控制	控制	控制
Constant	5.655 0[***] (0.241 0)	2.197 0[***] (0.083 4)	-2.205 0[***] (0.198 0)	-2.228 0[***] (0.199 0)	-2.302 0[***] (0.198 0)	-2.178 0[***] (0.205 0)
Observations	25 801	25 756	25 801	25 756	25 991	23 936
R-squared	0.042 0	0.050 0	0.062 0	0.062 0	0.063 0	0.066 0
F	28.610 0[***]	34.170 0[***]	85.910 0[***]	85.690 0[***]	86.580 0[***]	81.780 0[***]

注：[***] 表示 $p<0.01$，[**] 表示 $p<0.05$，[*] 表示 $p<0.1$。

科技政策通过何种路径机制影响企业创新，是理论界和实务界共同关注的焦点问题。已有文献从资源获取的视角，认为科技政策通过引入外部创新资源，从而提升创新主体的创新投入水平，最终提升企业创新水平（孙慧 等，2017；曹阳 等，2018），忽略了企业高管在企业创新投资决策过程中的决定性作用。为检验企业高管薪酬在科技政策与企业创新之间的中介效应，本章对中介效应的路径模型的回归结果如表9-5所示（中介效应检验结果）。表9-5显示了路径模型（Path a）检验科技政策对企业创新绩效的影响，科技政策（Gov）的回归系数显著为正，表明科技政策对企业创新具有显著的正向激励效应，支持研究假设H9-3；也显示了路径模型（Path b）检验科技政策对高管薪酬的影响，科技政策的回归系数显著为正，表明科技政策对高管薪酬具有显著的正向激励效应，支持研究假设H9-1；还显示了路径模型（Path c）的实证结果，科技政策（Gov）和高管薪酬（Pay_m）的回归系数均显著为正，表明高管薪酬在科技政策与企业创新之间起部分中介效应，支持研究假设H9-4。

表9-5　中介效应检验结果

变量	路径模型（Path a）Innov	路径模型（Path b）Pay_m	路径模型（Path c）Innov
Gov	6.328 0***	3.473 0*	6.325 0***
	(1.168 0)	(1.961 0)	(1.175 0)
Pay_m	—	—	0.007 5**
			(0.003 8)
Asset	0.123 0***	-0.249 0***	0.125 0***
	(0.008 6)	(0.011 3)	(0.008 7)
LEV	-0.268 0***	-0.329 0***	-0.265 0***
	(0.041 5)	(0.074 1)	(0.041 7)
Growth	-0.000 1	0.000 8**	-0.000 1
	(0.000 1)	(0.000 4)	(0.000 1)
ROE	0.002 8***	-0.000 4	0.002 8***
	(0.000 6)	(0.000 9)	(0.000 6)
Age	-0.008 9***	0.001 5	-0.009 0***
	(0.001 7)	(0.002 3)	(0.001 7)
Year	控制	控制	控制
Indu	控制	控制	控制

表9-5(续)

变量	路径模型(Path a) Innov	路径模型(Path b) Pay_m	路径模型(Path c) Innov
Constant	-2.302 0*** (0.198 0)	5.655 0*** (0.241 0)	-2.349 0*** (0.201 0)
Observations	25 991	25 801	25 801
R-squared	0.063 0	0.042 0	0.063 0
F	86.580 0***	28.610 0***	83.420 0***

注: *** 表示 $p<0.01$, ** 表示 $p<0.05$, * 表示 $p<0.1$。

三、稳健性检验

（一）替换解释变量

以滞后 1 期的科技政策（LagGov）作为解释变量，既可以缓解遗漏变量造成的内生性问题，又可以缓解反向因果造成的内生性问题。替换解释变量的实证结果如表 9-6 的列（1）、列（2）所示，滞后 1 期的科技政策（LagGov）与高管薪酬（Pay_m 和 Pay_3m）显著正相关，稳健支持假设 H9-1；滞后 1 期的科技政策（LagGov）与企业创新（Innov）显著正相关，稳健支持假设 H9-3。稳健性检验结果见表 9-6。

表 9-6　稳健性检验结果

变量	（1） Pay_m	（2） Pay_m	（3） Innov	（4） Innov	（5） Innov
LagGov	6.412 0*** (1.945 0)	2.483 0*** (0.688 0)	—	—	7.533 0*** (1.272 0)
Pay_m	—	—	0.007 7** (0.003 8)	—	—
Pay_3m	—	—	—	0.021 3* (0.011 1)	—
其他控制变量	控制	控制	控制	控制	控制
Year	控制	控制	控制	控制	控制
Indu	控制	控制	控制	控制	控制
Constant	-0.080 7 (0.055 5)	-0.009 2 (0.020 8)	-2.205 0*** (0.198 0)	-2.228 0*** (0.199 0)	-2.178 0*** (0.205 0)
Observations	23 780	23 742	25 801	25 756	23 936

表9-6（续）

变量	(1) Pay_m	(2) Pay_m	(3) Innov	(4) Innov	(5) Innov
R-squared	0.015 0	0.016 0	0.062 0	0.062 0	0.066 0
F	16.080 0***	15.220 0***	85.910 0***	85.690 0***	81.780 0***

注：*** 表示 $p<0.01$，** 表示 $p<0.05$，* 表示 $p<0.1$。

（二）替换中介变量

在整个高管层中，排名前三位的高管一般是企业决策的核心成员，CEO 更是企业决策核心成员的核心，对企业投资决策具有决定性作用。创新投资既关系到企业的长期可持续发展，更关系到企业的短期资源配置和短期经营业绩；而短期的经营业绩对 CEO 与核心高管成员的任期和薪酬具有直接影响（夏宁 等，2014；周泽将 等，2018）。基于"经济人"假设和委托代理关系，CEO 厌恶将给未来业绩增加不确定性风险的创新投资。因此，对 CEO 和核心高管成员进行适当的薪酬补偿将成为激励 CEO 及其核心高管承担创新风险的有效补偿机制（周泽将 等，2018）。为进一步检验高管薪酬对科技政策与企业创新之间正向激励效应的中介作用，本章以排名前三位高管的薪酬占应付职工薪酬的比重（Pay_3m）和 CEO 薪酬占应付职工薪酬的比重（Pay_ceo）作为中介变量，替换管理层薪酬占应付职工薪酬的比重（Pay_m）。替换中介变量的实证结果如表 9-7 的列（2）、列（3）所示，科技政策（Gov）与高管薪酬稳健（Pay_3m 和 Pay_ceo）显著正相关，稳健支持假设 H9-2；科技政策（Gov）、高管薪酬稳健（Pay_3m 和 Pay_ceo）与企业创新（Innov）显著正相关，稳健支持假设 H9-4，即高管薪酬在科技政策与企业创新之间起中介效应。中介效应稳健性检验结果见表 9-7。

表 9-7　中介效应稳健性检验结果

变量	(1) Innov	(2) Pay_3m	(3) Pay_ceo	(4) Innov	(5) Innov
Gov	6.328 0*** (1.168 0)	1.251 0* (0.658 0)	0.423 0* (0.246 0)	6.347 0*** (1.179 0)	6.648 0*** (1.413 0)
Pay_3m	—	—	—	0.020 4* (0.011 0)	
Pay_ceo	—	—	—	—	0.063 3* (0.034 2)

表9-7(续)

变量	(1) Innov	(2) Pay_3m	(3) Pay_ceo	(4) Innov	(5) Innov
其他控制变量	控制	控制	控制	控制	控制
Year	控制	控制	控制	控制	控制
Indu	控制	控制	控制	控制	控制
Constant	−2.302 0***	2.197 0***	0.779 0***	−2.371 0***	−2.485 0***
	(0.198 0)	(0.083 4)	(0.036 9)	(0.202 0)	(0.238 0)
Observations	25 991	25 756	18 233	25 756	18 233
R-squared	0.063 0	0.050 0	0.049 0	0.063 0	0.068 0
F	86.580 0***	34.170 0***	23.390 0***	83.210 0***	69.440 0***

注:*** 表示 $p<0.01$,** 表示 $p<0.05$,* 表示 $p<0.1$。

(三) 中介效应 Sobel 检验

按照温忠麟和叶宝娟(2014)提供的方法,本章对高管薪酬在科技政策与企业创新之间的中介效应进行 Sobel 检验,检验结果如表 9-8 所示,Sobel Z 值均在 10% 水平下显著。以上证据稳健支持研究假设 H9-4。

表 9-8 中介效应 Sobel 检验结果

变量	(1) Innov	(2) Innov	(3) Innov	(4) Innov	(5) Innov	(6) Innov
Gov	6.325 0***	6.347 0***	6.648 0***	—	—	—
	(1.175 0)	(1.179 0)	(1.413 0)			
LagGov	—	—	—	7.584 0***	7.563 0***	6.761 0***
				(1.277 0)	(1.279 0)	(1.501 0)
Pay_m	0.007 5**			0.008 5**		
	(0.003 8)			(0.004 0)		
Pay_3m	—	0.020 4*	—	—	0.023 9**	—
		(0.011 0)			(0.011 8)	
Pay_ceo	—	—	0.063 3*	—	—	0.089 2**
			(0.034 2)			(0.037 0)
其他控制变量	控制	控制	控制	控制	控制	控制
Year	控制	控制	控制	控制	控制	控制
Indu	控制	控制	控制	控制	控制	控制

表9-8(续)

变量	(1) Innov	(2) Innov	(3) Innov	(4) Innov	(5) Innov	(6) Innov
Constant	-2.3490^{***} (0.2010)	-2.3710^{***} (0.2020)	-2.4850^{***} (0.2380)	-2.2340^{***} (0.2080)	-2.2500^{***} (0.2090)	-2.3940^{***} (0.2450)
Observations	25 801	25 756	18 233	23 780	23 742	17 118
R-squared	0.0630	0.0630	0.0680	0.0660	0.0660	0.0700
F	83.4200^{***}	83.2100^{***}	69.4400^{***}	78.7300^{***}	78.6500^{***}	64.0800^{***}
Sobel Z	2.9170^{*}	4.9220^{**}	4.7310^{**}	2.8670^{*}	3.4750^{*}	4.0810^{*}
Sobel Z 对应的P值	0.0705	0.0226	0.0361	0.0719	0.0628	0.0575
中介效应占比/%	15.02	25.37	21.3	14.61	16.66	17.45

注：*** 表示 $p<0.01$，** 表示 $p<0.05$，* 表示 $p<0.1$。

四、进一步探索

(一) 管理层权力对科技政策与高管薪酬之间关系的调节影响

正如假设 H9-1 的理论分析，政府实施科技政策的动机是激励企业增加创新投入、提升创新水平；而高管迎合政府科技政策的动机是借创新之名谋求更高的私利（薪酬），两者在动机上存在不一致性。在现代企业中，高管薪酬是管理层与董事会博弈的结果，高管是否能获得承担企业创新相应的薪酬补偿，还依赖于管理层权力是否强大（Bebchuk et al.，2003；王清刚 等，2011；陈德球 等，2015）。因此，管理层权力有可能对科技政策与高管薪酬之间正向促进作用具有重要影响，从而进一步影响科技政策对企业创新的正向激励效应。为检验管理层权力对科技政策与高管薪酬之间关系的影响，本章参考卢锐等（2008）、傅颀等（2014）的做法，以上市公司董事会主席（董事长）与 CEO 两职是否分离为考察，构建管理层权力哑变量——Power①，分组检验管理层权力对科技政策与高管薪酬之间关系的调节影响，实证结果如表 9-9 所示。在管理层权力小的样本组［见表 9-9 列（1）］，科技政策（Gov）的系数不显著为正，表明科技政策的实施并不能使管理层获得薪酬提升的补偿激励，这势必影响管理层推进企业创新的意愿和强度；在管理层权力大的样本组［见表 9-9 列（2）］，科

---

① 当董事会主席（董事长）与 CEO 两职合一，Power 取值 1，表示管理层权力大；当董事会主席（董事长）与 CEO 两职分离，Power 取值 0，表示管理层权力小。

技政策（Gov）的系数显著为正，表明科技政策的实施能够使管理层获得薪酬提升的补偿激励，这将增强管理层推进企业创新的意愿和强度。

表 9-9 管理层权力对科技政策与高管薪酬之间关系的调节影响检验结果

变量	(1)管理层权力小 Pay_m	(2)管理层权力大 Pay_m
Gov	1.191 0	10.560 0**
	(2.146 0)	(4.571 0)
其他控制变量	控制	控制
Year	控制	控制
Indu	控制	控制
Constant	5.530 0***	5.694 0***
	(0.272 0)	(0.536 0)
Observations	19 234	6 522
R-squared	0.043 0	0.049 0
F	21.600 0***	7.660 0***

注：*** 表示 $p<0.01$，** 表示 $p<0.05$，* 表示 $p<0.1$。

（二）地区因素对科技政策与企业创新之间关系的调节影响

企业创新不仅依赖于企业创新资源投入和内部激励机制建设，也依赖于政府科技政策的推动以纠正"市场失灵"，还依赖于市场要素的聚焦、市场竞争环境等外部条件的培育与推动（李万福 等，2017）。少数民族地区由于历史与现实经济发展滞后等原因，在创新要素、市场发育等创新资源集聚方面与发达地区存在很大差距，在人才培养、教育、思维观念等方面也落后于发达地区。少数民族地区所面临的较差的创新环境必将制约当地科技政策对企业创新有效性的发挥。基于此，本章预测少数民族地区[①]将弱化科技政策对企业创新的正向激励效应。实证检验结果如表 9-10 列（1）所示，科技政策（Gov）的系数显著为正，少数民族地区（Minreg）的系数显著为负，且科技政策与少数民族地区交乘项（GovxMinreg）的系数显著为负，表明少数民族地区弱化了科技政策对企业创新的正向激励效应。同样，本章在构建西部地区哑变量（Westreg）[②] 的稳健性检验中发现

---

① 本章构建少数民族地区哑变量（Minreg），上市公司所属行政区域为 5 个省级少数民族自治区取值 1；否则取值 0。

② 上市公司所属行政区域为 12 个中部地区省、直辖市取值 1；否则取值 0。

[见表9-10列（2）]，西部地区同样弱化了科技政策对企业创新的正向激励效应。以上证据表明，少数民族地区和西部地区的区位因素将对科技政策的有效性产生不利影响，经济发展水平较差的地区将弱化科技政策与企业创新之间的正相关关系。这将意味着，政策制定者在制定政策过程中需要区分不同地区的实际情况，才能保证科技政策的有效性得到充分释放。少数民族地区对科技政策与企业创新之间关系的调节影响见表9-10。

表9-10　少数民族地区对科技政策与企业创新之间关系的调节影响

变量	（1）少数民族地区 Innov	（2）西部地区 Innov
Gov	6.872 0*** (1.219 0)	6.543 0*** (1.278 0)
Minreg	-0.254 0*** (0.034 3)	—
GovxMinreg	-7.378 0** (3.707 0)	
Westreg	—	-0.175 0*** (0.023 5)
GovxWestreg	—	-3.266 0 (2.754 0)
其他控制变量	控制	控制
Year	控制	控制
Indu	控制	控制
Constant	-2.230 0*** (0.198 0)	-2.193 0*** (0.199 0)
Observations	25 991	25 991
R-squared	0.065 0	0.065 0
F	82.890 0	82.880 0

注：*** 表示 $p<0.01$，** 表示 $p<0.05$，* 表示 $p<0.1$。

第四节　结论与启示

已有文献侧重关注科技政策对企业创新是否有效的问题，且研究结论存在较大争议，缺少关注科技政策如何作用于企业创新的路径机制和有效性边界。本章以我国 A 股上市公司为研究对象，以财政补贴作为考察科技政策的切入口，考察科技政策对企业创新的影响及其影响机制，并进一步探索科技政策影响企业创新的有效性边界。研究发现：第一，科技政策与高管薪酬显著正相关，表明科技政策的实施能够助涨创新主体高管的货币薪酬，从而激励高管承担创新带来的不确定性风险；第二，高管薪酬与企业创新显著正相关，表明高管薪酬能够激励高管承担创新带来的不确定性风险，从而提升企业的创新产出水平；第三，科技政策与企业创新显著正相关，表明科技政策能够弥补企业创新过程中的"市场失灵"，激励企业从事创新活动，从而提升企业的创新产出；第四，高管薪酬在科技政策与企业创新之间起部分中介效应，表明科技政策通过提升企业高管薪酬，从而激励高管从事创新活动和承担创新带来的不确定性风险，最终实现创新产出水平的提升；第五，管理层权力能够强化科技政策与高管薪酬之间的正相关关系，表明科技政策为高管谋求更高的货币薪酬提供了契机，特别是当管理层权力越大时，科技政策对帮助管理层与董事会博弈高管薪酬安排中获得更多薪酬的贡献越大；第六，地区因素对科技政策与企业创新之间关系具有较大影响，经济发展水平较差的少数民族地区和西部地区弱化了科技政策对企业创新的正向激励效应，表明科技政策的有效性受到地区因素的影响。

本章的政策启示包括两个方面：第一，科技政策能否弥补企业创新过程中的"市场失灵"，关键在于科技政策能否激励企业董事会充分考虑创新活动对企业高管带来的不确定性风险，并在薪酬制度安排上给予适当的风险补偿，才能激励高管愿意承担创新风险。因此如果在制定科技政策时能考虑引导企业对高管层进行适当激励，将提升科技政策的有效性。第二，科技政策的有效性存在边界，因此如果在制定科技政策时能考虑不同地区在创新资源方面的差异，对不同地区的创新主体给予差异化的科技政策支持，将缓解地区差异对科技政策有效性的影响，从而提升科技政策与企业创新的正向激励效应。

第十章 管制政策能否助推企业高质量发展

——基于会计师事务所的视角

当前，中国经济正经历着重大转型，经济增长方式从要素投入驱动向全要素生产率（TFP）驱动转型，转型的成功与否取决于中国经济的技术创新和制度安排是否成功（Guner et al., 2008；Hsieh et al., 2009；Miller et al., 2000；Restuccia et al., 2013）。而在众多制度安排中，政府的市场管制、行业监管、产业政策等宏观制度安排和内部治理、组织性质、组织结构等微观组织制度安排对经济效率及组织效率的影响最为明显（Bates et al., 2005；Bertrand et al., 2003；Billett et al., 2011,；Dittmar et al., 2007；Giroud et al., 2011；Guner et al., 2008；方红星 等，2013；杨兴全 等，2010；俞红海，2010；张会丽 等，2012）。政府管制与效率的关系一直存在较大争论。公共利益理论认为，政府管制通过改善信息环境和资源配置提升市场效率（Stiglitz, 1977；Coase, 1988；Viscusi et al., 2005）；而俘获、寻租等管制理论认为，政府管制扭曲市场关系，导致社会资源错配，最终使得市场效率和社会福利损失（Stigler, 1971；Posner, 1974；North, 1990；Hart et al., 2008；Fehr et al., 2011；Chang et al., 2014；Karpoff et al., 2010；Shin et al., 2002；陈信元 等，2009；徐细雄 等，2013；李科 等，2014；李志生 等，2015）。由此看来，现有文献对政府管制与经济效率的关系的认识并不一致。同时，不少学者认为，管制具有外溢性（Spillover），与公司治理机制存在替代关系，在法律、制度等外部管制不健全的情况下，企业能够自觉提升内部治理机制，以保证自身保持高效运转（Allen et al., 2005；Cheffins, 2001；Glaeser et al., 2001；La Porta, 1999, 2000；Johnson et al., 2000；陈冬华 等，2008；王亚 等，

2016）。这些文献表明，外部管制与内部治理具有相互替代关系，是以政府管制对经济效率具有正向激励为前提的。在政府管制与经济效率的关系尚存争议的背景下，公司治理对经济效率的影响以及对政府管制引起的效率激励或效率损失具有何种影响，尚未得到重视和关注。

中国是一个有着强外部管制、弱内部治理的传统社会形态的国家（Bodde et al.，1973；陈冬华 等，2008；于李胜 等，2010）。会计师事务所因其依法行使社会经济监督的公共职能，在中国甚至在全球范围内都是受政府管制和监管非常严厉。特别是对进入证券期货业务市场的中国会计师事务所，不仅受到其行政主管部门——财政部及其委托管理机构——中国注册会计师协会（以下简称"中注协"）的行政管制，还受到证券期货业务的主管部门——中国证券监督管理委员会（以下简称"证监会"）严厉的业务监管，同时还受到来自中国人民银行等金融业务主管部门的执业监管，以及上市公司各个相关利益者（机构投资者、中小股东、债权人等）和社会舆论的广泛关注与监督。相比非证券业务资格的会计师事务所（以下简称"非证券所"）而言，具有证券业务资格的会计师事务所（以下简称"证券所"）面临更严厉的政府管制和监管。近年来，得益于中国经济特别是资本市场的持续高速发展，中国的会计师事务所始终保持年均14.37%的快速发展态势，远高于同期 GDP 年均9.39%的发展速度；但是，中国会计师事务所行业的技术效率和资源配置效率水平还很低[①]（许汉友 等，2008；王咏梅 等，2012；卢太平 等，2014）。提升会计师事务所的综合效率和配置效率，关系到会计师事务所做强做大，直接影响会计师事务所与审计客户谈判博弈中能否保持更高的独立性，更是直接影响资本市场的健康发展和经济安全。因此，加强管制还是放松管制、谁更能促进会计师事务所的效率提升、内部治理是促进还是抑制会计师事务所的效率提升、内部治理能否替代外部管制的治理功能等问题，成为理论界和实务界

---

① 许汉文等（2008）的研究显示，2005 年中国会计师事务所前 20 名（含国际四大会计师事务所在中国的成员所）的综合效率均值仅为 0.777。王咏梅等（2012）的研究显示，2002—2010 年中国会计师事务所的效率均值从 0.659 下降到 0.607。卢太平等（2014）的研究显示，2007—2010 年连续 4 年入选"会计师事务所综合评价前百家信息"榜单的 26 家会计师事务所的综合效率均值为 0.85。根据中注协的统计数据显示，2004—2015 年中国会计师事务所行业收入对 GDP 的贡献率仅为 0.09%，远低于同期全球的平均水平 0.24%；同时，会计师事务所员工人均业务收入和注册会计师人均业务收入也远低于同期国际四大会计师事务所的水平（中注协，2016）。以上数据显示，相比效率最优水平（效率值等于 1 的状态）而言，会计师事务所行业整体效率水平还很低。

共同关心和争论的焦点。但由于缺乏会计师事务所微观数据，人们一直无法揭开政府管制、内部治理等外部与内部制度安排对会计师事务所效率影响的神秘面纱。本章基于会计师事务所独特的财务报表数据，在全球不断加强审计市场的管制与监管的背景下，探讨政府管制、内部治理对会计师事务所效率的影响，能够更好地回答政府管制、内部治理等外部与内部制度安排对会计师事务所效率影响的问题。

首先，本章在调研分析2011—2015年中国广东省会计师事务所行业收入状况的基础上，获得2006—2016年广东省全省800多家会计师事务所的年度财务报表数据，以会计师事务所的注册会计师（以下简称"CPA"）人数、合伙人人数、从业人员人数等人力资源规模和员工工资薪酬支出、员工福利支出、其他支出等人力成本为投入指标，以会计师事务所总收入和总客户数为产出指标，运用DEA方法估算会计师事务所的效率值，包括综合效率、生产效率和配置效率。其次，以综合效率为被解释变量，政府管制和会计师事务所内部治理为解释变量，在控制会计师事务所其他特征和会计师事务所所在城市的经济、产业、行业竞争等外部因素的基础上，探索政府管制、会计师事务所内部治理对会计师事务所效率的影响。再次，为检验政府管制在不同的内部治理水平下对会计师事务所效率的影响，我们考察政府管制与内部治理的交互项系数的方向，进一步确认内部治理对政府管制与会计师事务所效率关系的影响。最后，为进一步检验政府管制对会计师事务所效率的影响，我们以财政部、证监会于2012年1月21日发布实施的《财政部 证监会关于调整证券资格会计师事务所申请条件的通知》（以下简称"财会〔2012〕2号文"）和2012年1月1日正式实施的《广东省物价局关于会计师事务所服务收费有关问题的通知》（以下简称"粤价〔2011〕313号文"）作为政府加强会计师事务所行业市场准入管制和行业价格管制的外生事件，比较2012年前后会计师事务所效率是否存在显著差异。

我们的研究结果显示，中国会计师事务所的综合效率和配置效率并不高（均值分别为0.69、0.74）。受严厉管制的证券所的综合效率和配置效率显著低于非证券所。两个管制文件实施后，虽然证券所的综合效率和配置效率仍然显著低于非证券所，但是证券所和非证券所的综合效率与配置效率都有显著提升，而且受管制更严厉的证券所的效率提升更大。此外，这种提升是由于时间趋势或者说是由于技术进步所致，而不是由于加强政府管制所带来的；同时，内部治理好的会计师事务所的综合效率与配置效率显著高于内部治理差的会计师事务所。在内部治理较好的会计师事务所中，受管制更严的证券所的综合效率和配置效率与非证券所没有显著差异；但在内部治理较差的会计师事务所中，受管制更严的证券所的综合效率和配置效率与非证券所却存在显著差异。这表明，内部治理对政府管制造成的会计师事务所效率损失具有正向调节作用，而不是 Cheffins（2001）、陈冬华等（2008）认为的替代作用。我们的研究发现稳健地支持我们的研究假设。

　　我们的研究主要有三个贡献：第一，依托会计师事务所微观层面的独特人力资源和人力成本投入数据，运用 DEA 方法估计出更为准确、合理的会计师事务所效率值，比现有文献更能反映不同管制程度、内部治理水平、组织形式、总分所和规模的会计师事务所效率现状，揭开了人们一直以来想要掀开却因缺乏微观数据而无法掀开的会计师事务所真实效率的面纱，丰富了关于会计师事务所效率领域的研究；第二，在加强审计市场管制与会计师事务所效率关系模棱两可的背景下，我们研究发现，内部治理对政府管制与会计师事务所效率关系的影响，并不是现有文献所认为的替代作用，而是调节作用，拓展了关于政府管制与效率，内部治理与效率，内部治理与政府管制、效率等领域的研究，为监管部门和会计师事务所的决策提供理论依据和实践指导；第三，拓展了管制经济学理论和公司治理理论在特殊行业（准公共品、高端服务行业）的研究边界，弥补和增加了政府管制、内部治理对会计师事务所效率影响的文献。

第一节　中国审计市场政府管制变迁

　　政府对审计市场的管制一般包括事前的市场准入管制，事中的执业标准、行为规范、道德准则、质量检查、价格管制等，事后的违规、违法惩罚等（DeFond et al., 2005；Lennox et al., 2010；Nelson，2006；Palmrose，2006；于李胜 等，2010）。因此，本章因表述需要交替使用"管制"和"监管"，其表达的意思是一致的。

一、官办国营阶段（1980—1992 年）

　　1978 年中国实施改革开放政策以来，中国的会计师事务所经历了从无到有、从国有化向私有化转型的发展历程。1978 年以前，中国推行国有的计划经济体制，国家作为社会财产的所有者和管理者，也承担了国家经济监督功能，注册会计师相应地退出了中国的经济舞台。1978 年以后，为了适应外商投资企业进入中国引起中国经济制度变化的需要，1980 年 12 月 23 日，财政部发布《关于成立会计顾问处的暂行规定》，随后在各级财政部门成立会计师事务所，成为政府事业编制①的经济实体，接受政府委托对中外合资企业提供各类会计服务，同时也负责国有企业的会计报表审计工作。这宣告注册会计师制度在中国正式恢复。

1983 年 9 月，我国成立中华人民共和国审计署，负责审计政府部门、国有企业的财产及经营情况。为进一步强化审计署的经济审计功能，1987 年 1 月，审计署下发《关于进一步开展社会审计若干问题的通知》，开始筹建审计署主管下的经济实体——审计事务所②。会计师事务所和审计事务所从属于政府体系内的不同部门，负责行使经济监督职能，但自身缺乏产权身份和日常经营的独立性，权责关系模糊，内部管理混乱，给经济秩序和行业管理造成很多问题。

二、整合监管与私有化阶段（1993—1999 年）

为解决审计市场多头管理引发的问题，1995 年 6 月财政部和审计署联合发布《关于中国注册会计师协会、中国注册审计师协会实行联合的有关问题的通知》，并于 1996 年年底前完成"三个统一"：一是统一称谓，即注册会计师和注册审计师都叫"注册会计师"；二是统一规则，都执行《中华人民共和国注册会计师条例》；三是统一协会组织，即将中国注册审计师协会并入中注协，作为注册会计师和会计师事务所的业务主管机构，财政部作为注册会计师和会计师事务所的行政审批部门。

中国审计市场经过"三个统一"整改后，仍然没有解决会计师事务所的审计独立性问题。会计师事务所的产权属于国有，控制权实际是在其所

---

① "事业编制"是相对于"公务员编制"而言的，是指国家创造或改善生产条件、增进社会福利，满足人民文化、教育、卫生等需要，其经费一般由国家事业费开支的单位所使用的人员编制。

② 按照 1986 年 10 月 1 日实施的《中华人民共和国注册会计师条例》的规定，财政部是会计师事务所的审批部门和主管部门。为绕开财政部的权利范围，审计署在其各级机构下成立的事务所称为"审计事务所"，以区别于财政部门主管的"会计师事务所"，从此开始了中国"会计师事务所"与"审计事务所"并存的局面。

挂靠的各级政府部门。会计师事务所的业务主要由主管单位指定，主要人员由主管单位安排，但会计师事务所在执业过程中的审计风险最终却由国家承担。因此，不管是会计师事务所还是其主管部门，并不关心会计师事务所的审计效率和审计质量，由此导致了一系列的会计师执业水平低下和会计师事务所审计质量不高以及会计师事务所审计失败的严重问题。政府监管当局也意识到会计师事务所的身份及独立性问题是造成审计失败的主要原因之一，早在1994年已经开始尝试解决会计师事务所的身份与独立性问题。1994年1月1日起实施的《中华人民共和国注册会计师法》要求会计师事务所必须是合伙制或有限责任制，且要求所有会计师事务所都应脱离现有挂靠单位（这是中国会计师事务所第一次尝试去国有化的"脱钩"），成为真正独立执业的经济体。但是，会计师事务所脱离挂靠单位的"脱钩"改革涉及众多政府部门的利益，改革推进非常困难，最终这次"脱钩"尝试不了了之。直到我国证券市场接连出现多家上市公司财务报表重大欺诈和会计师事务所审计失败事件爆发后，会计师事务所的产权身份和独立性问题到了必须改革的时候。1997年4月，深圳市政府发布《深圳市会计师事务所体制改革实施办法》，率先进行会计师事务所的"脱钩"改制①。1997年年底，深圳市所有的会计师事务所与挂靠单位"脱钩"。1998年4月，《财政部关于执行证券、期货相关业务的会计师事务所与挂靠单位脱钩的通知》等文件发布，规定证券所必须在1998年12月31日前，在人员、财务、业务、名称四个方面与挂靠单位彻底脱离关系。1998年年底，我国102家证券业务资格会计师事务所如期完成"脱钩"②；1999年年底，全国所有会计师事务所完成了"脱钩"改制。会计师事务所终于从国有、官办转变为民营、自主经营，明确了权责关系，也获得独立经营的自主权（刘峰 等，2000；易琼，2002；张立民 等，2008）。"脱钩"改制实际上就是将会计师事务所原有的国有产权关系改变为由注册会计师个人拥有的私有产权关系，极大解放了会计师事务所的生产力，中国会计师事务所行业进入快速发展阶段。为了更好地学习、借鉴国外的会计师事务所

---

① "脱钩"改制是中国会计师事务所行业特殊时代背景下的制度改革事件。"脱钩"是指会计师事务所脱离对挂靠单位的依赖，从依附寄生关系成为独立的经济主体；"改制"是指会计师事务所的产权属性从国有改为私有、国营改为民营。

② "脱钩"前我国共有105家具有证券业务资格的会计师事务所，"脱钩"改制过程中有3家会计师事务所因合并被取消资格，加上新批准的5家具有证券业务资格的会计师事务所，截至1998年年底，我国共有107家具有证券业务资格的会计师事务所。

发展经验，1996 年 3 月 28 日，财政部下发了《中外合作会计师事务所管理暂行办法》，批准由国际会计师事务所或境外会计师事务所（以下简称"合作外方"）与境内会计师事务所（以下简称"国内所"）分别出资50%，在中国境内合作设立会计师事务所（以下简称"合作所"）。由于合作外方具有品牌、行业专长、人才等优势，合作所实际上被合作外方全面控制。为缓解中外合作冲突，在 1998 年年底限期的"脱钩"改制中，合作所改制为国际会计师事务所在中国的成员所（以下简称"国际所"），合作所正式解散。

三、监管体系重构阶段（2000—2011 年）

完成"脱钩"改制后，中国会计师事务所产权关系和独立性得到清晰确认，会计师事务所行业进入野蛮式发展阶段。这个时期中国审计市场的主要特征是"小、散、乱"，过度竞争和恶性竞争并存。我国监管部门开始从以下三个方面重构审计市场的监管体系：

一是整顿行业竞争秩序。刚刚经过"脱钩"改制后的审计市场，不少地方政府部门和地方性会计师事务所还没有完全转变观念，并保持政企不分的习惯，政府部门直接干预审计业务的事件时有发生。为此，财政部于2000 年 3 月发布了《财政部关于重申不得以行政手段干预会计师事务所依法执业等有关问题的通知》，对地方政府频频干预审计市场的行为进行整顿和清理。同时，为改善审计市场"小、散、乱"的现状，2000 年 3 月，财政部发布了《会计师事务所扩大规模若干问题的指导意见》《会计师事务所合并审批管理暂行办法》等文件，推动了会计师事务所合并与规模化。到 2002 年年底，全国有 300 多家会计师事务所合并，其中原 107 家具有证券期货相关业务资格的会计师事务所合并减少到 71 家（张立民 等，2008）。规模扩大后的会计师事务所获得了规模经济效益，市场竞争能力和谈判能力也得到增强，审计独立性和审计质量得到提升。吴溪（2001）的研究显示，大规模的会计师事务所合并重组优化了中国审计行业的市场结构，市场集中度有所提高。根据中注协的数据统计，中国审计市场收入排名前 10 家会计师事务所的市场占有率从 2000 年不到 20% 提升到 2011 年的 37.15%。

二是加强审计市场准入管制，提高证券市场的门槛。中国政府一方面清理不符合要求的会计师事务所，另一方面提高市场准入标准。在调研中了解到，主管会计师事务所市场准入许可审批的各级财政部门有意放缓会计师事务所设立申请审批进程，以控制审计市场的会计师事务所存量。特别是在急剧发展的证券业务市场，市场进入门槛逐年提高。财政部、证监会先后于 2000 年 6 月、2007 年 4 月发布《财政部 证监会关于会计师事务所从事证券、期货相关业务有关问题的通知》等两个文件，要求会计师事务所拥有 CPA 人数从 50 人提升到 80 人，上一年业务收入从不低于 800 万元提升到不低于 1 600 万元，净资产要求提升了 300%。2000 年 6—7 月，财政部分别联合证监会、中国人民银行下发文件，提高会计师事务所开展证券相关业务资格和金融审计业务资格的市场准入条件，通过减少新设会计师事务所申请审批数量、加快会计师事务所注销退出、提高市场准入门槛等市场管制和推动会计师事务所合并的政策引导，导致会计师事务所数量特别是证券所的数量急剧减少①。

三是加强行业制度建设和监管体系建设。这个时期财政部及其委托机构——中注协为规范注册会计师个人执业标准，制定实施了《中国注册会计师执业准则指南》等 48 项执业指南、《中国注册会计师鉴证业务基本准则》等 22 项准则、《中国注册会计师审计准则第 1101 号——注册会计师的总体目标和审计工作的基本要求》等 38 项准则、《中国注册会计师职业道德守则》等多个制度文件。为规范会计师事务所的行为和执业质量，制定实施了《会计师事务所执业质量检查制度》（2006 年 12 月、2008 年 10 月、2009 年 7 月、2011 年 7 月多次修订），每年按一定比例抽查会计师事务所执业质量情况；制定实施《中国注册会计师协会会员执业违规行为惩戒办法》，加大对会计师事务所治理约束不力和注册会计师勤勉不力等行为的处罚力度；正式实施《会计师事务所内部治理指南》，引导会计师事务所加强自律，建立和完善内部治理和质量控制体系，确保会计师事务所快速发展与控制风险、保证质量协调统一。

---

① 我国具有证券业务资格的会计师事务所从 1998 年"脱钩"改制时的 107 家减少到 2000 年年底的 78 家，之后又于 2002 年年底减少到 71 家，在 2012 年年底减少到 43 家。在财会〔2012〕2 号文实施后，我国具有证券业务资格的会计师事务所又减少到 40 家（刘峰 等，2000；张立民 等，2008）。会计师事务所的合并是我国具有证券业务资格的会计师事务所数量减少的原因之一，但是，会计师事务所合并也是为了达到监管部门所要求的收入规模、CPA 人数规模以及其他基本条件。据调研了解，为了扶持小部分大型会计师事务所做强做大，2007 年以来，财政部、证监会不但不再批准新的证券业务资格申请，而且鼓励现有有证券业务资格的会计师事务所合并（财会〔2012〕2 号文起到鼓励合并的作用），从而导致有证券资格的会计师事务所数量大量减少。

四、全面加强管制阶段（2012年至今）

这个时期我国提出了"一带一路"倡议，会计师事务所行业面临"走出去"的国家使命。为适应国际竞争环境，我国政府全面升级了行业管制及监管，特别是对证券所的监管更加严厉。第一，大幅提高证券期货业务市场进入门槛。财会〔2012〕2号文对进入证券期货业务市场大幅提高了门槛要求：证券所的注册会计师人数从不低于80人提升到200人，累计执业风险准备金从不低于600万元提升到8 000万元，上一年度业务收入从不低于1 600万元提升到8 000万元，合伙人人数要求从2人提升到不低于25人，组织形式从无限制提升到必须为特殊普通合伙制等。大幅提高证券期货业务市场进入门槛，阻止了一大批新进入者，证券所得以独享资本市场发展壮大的好处。第二，加强审计市场价格管制。在国家发展改革委、财政部联合发布的《会计师事务所服务收费管理办法》基础上，中注协发布《中国注册会计师协会关于坚决打击和治理注册会计师行业不正当低价竞争行为的通知》，要求各省份出台具体的审计业务指导价格。在此要求下，广东省内所有会计师事务所以粤价〔2011〕313号文所规定的政府指导价为定价标准。政府指导定价得到大多数中小型会计师事务所的支持，却不利于那些市场认可的品牌会计师事务所获得较好的品牌溢价。第三，全面加强会计师事务所执业质量检查和执业违规行为惩罚。在这个时期，中注协集中全国力量，针对证券所审计上市公司财务报表的质量进行质量检查，每年检查超过50%的证券所；地方注协负责非证券所的执业质量检查，每年检查20%左右的非证券所。第四，加强产业政策引导。中注协先后发布《关于支持会计师事务所进一步做强做大的若干政策措施》《会计师事务所品牌建设指南》，设立多个奖励资金，以会计师事务所综合评价为依据，以加强内部治理和质量控制为重点，加大对会计师事务所特别是证券所的监管与引导。第五，规范被审计单位，降低业务风险。中注协先后实施《企业内部控制基本规范》《企业内部控制审计指引》等18项配套指引，指导上市公司加强内部治理和质量控制建设，降低审计失败风险。

综上所述，中国会计师事务所的发展历程无处不在地烙着政府"有形之手"的印记，特别是证券所一直处于"强管制、严监管"的状态之下。政府管制的形式从直接参与转变为间接参与，从纯粹的行政管制转变为前置的市场准入管制、过程的质量监管和事后的惩罚三个环节相结合的全面监管。政府希望通过实行严格的外部管制和加强内部治理的制度安排与政策引导，营造和改善会计师事务所健康发展的外部环境，推动会计师事务所建设及改善内部治理机制和质量控制机制，提升会计师事务所的生产效率和资源配置效率，以改善当前中国会计师事务所规模不大①、实力不强②、效率不高（许汉友 等，2008；王咏梅 等，2012；卢太平 等，2014）的发展现状。

第二节　理论分析与假设发展

古典经济学认为，市场"看不见的手"可以自动调节资源配置，政府只需担当"守夜人"的角色。古典经济学所认为的市场的自动调节资源配置的功能，是以完全竞争的有效市场为前提的，而这种前提在现实世界中几乎不可能存在。凯恩斯主义认为，加强政府对市场的干预能缓解"市场失灵"所带来的资源配置无效率。"建设之手"的公共利益理论认为，政府通过行业监管降低行业信息不对称，弥补和纠正"市场机制"的失灵，能够改善市场竞争和提升市场效率，实现社会福利帕累托最优（Stiglitz，1977；Viscusi et al.，2005）。因此，管制和监管是克服自由市场经济内在缺陷、实现社会公正等价值目标的必要手段。管制经济学（economics of regulation，也叫规制经济学）认为，政府管制在一定程度上能够解决"市场失灵"，但由于管制有可能引起市场垄断所造成的"管制失灵"，同样会带来效率损失。"掠夺之手"的管制俘获理论则认为，管制者有与公共利益不一致的自利性目的，当被管制者对管制的需要与管制者私利相契合时，管制者更易于制定有利于被管制者而不是公共利益的管制政策，从而扭曲投资机会与投资行为之间的关系，导致决策效率和资源配置效率的损失（Posner，1974；North，1990；Cheng et al.，2013；Karpoff et al.，2010；

---

① 中注协. 中国注册会计师行业发展报告：2015［M］. 北京：中国财政经济出版社，2016：62-107. 该报告指出，2015 年总收入 1 000 万元以上的会计师事务所（565 家）仅占会计师事务所总数的 6.6%。

② 2011—2015 年，中国会计师事务所百强榜前 10 家会计师事务所的市场占有率分别为37.21%、37.95%、37.44%、38.57%、39.24%。而 Frankel 等（2002）指出，美国四大会计师事务所的市场占有率为 90.44%。Huang 等（2016）指出，2011 年国际四大会计师事务所的市场占有率为 90.8%。

Shin et al., 2002；李科 等，2014；李志生 等，2015）。管制寻租理论认为，管制在被管制行业制造了租金，这些租金由消费者支付，但由管制者和被管制者获得；如果这种租金收益高于为获得租金付出的成本，管制者政治家和被管制者经营者之间将形成管制的供给与需求市场，对租金的追求将导致管制的政策目标偏离效率最大和福利最优的方向（Stigler，1971；Hart et al.，2008；Fehr et al.，2011；陈信元 等，2009；徐细雄 等，2013）。世界经济发展史和中国经济发展的实践已经证明，政府管制既有利于产业的发展，又不完全有利于生产效率的提升。因此，如何协调政府管制与效率的关系成为政策制定者和学者们争论的焦点问题。

就中国会计师事务所行业而言，同样面临管制与效率的协调问题。按照 Stigler（1971）等的公共利益理论逻辑，政府对会计师事务所行业管制的目标路径可以有两条：一是通过许可证制度限制会计师事务所行业竞争，保持现有会计师事务所的稳定性，以维护其"特许权价值"，就可以提高资本市场的安全性。二是通过制定注册会计师从业资格认定标准和会计师事务所质量控制规范，以保证会计师事务所和注册会计师的服务质量。如果会计师事务所和注册会计师无法达到质量目标，政府可以实施严厉的惩罚，吊销会计师事务所和注册会计师的从业许可证或从业资格，这意味着会计师事务所和会计师个人将丧失许可证带来的超额准租金。政府通过事前许可和事后惩罚"一扬一抑"的管制措施，帮助会计师事务所行业建立高质量的会计师事务所审计声誉机制，矫正市场竞争机制，降低审计市场的信息不对称，确保会计师事务所审计效率和审计质量的提升，从而使整个社会的公共利益和社会福利实现最优（于李胜 等，2010）。而按照 North（1990）等的管制俘获理论和 Hart（2008）、Fehr（2011）等的管制寻租理论逻辑，政府在追求自身利益最大化的同时，通常会利用管制之便将资源转移到与政府有关系的会计师事务所以获取租金。因此，在管制过程中政府通常被监管者所"俘虏"，为被管制者设定某种垄断资格，提高行业壁垒，确保被管制者的垄断利润，从而损害了市场效率（Stigler，1971）。相关研究表明，在审计市场上施行严格市场准入管制，目的是规范市场竞争、促进市场效率，但实际上并不利于审计市场的效率提升（Wang et al.，2008；于李胜 等，2010；张奇峰，2005）。而会计师事务所不大、不强、效率不高可能导致其在与审计客户谈判博弈的过程中失衡，容易出现低价竞争或向客户妥协，导致审计质量下降；而且会计师事务所效率低会直接影响审计师的收入绩效和声誉，也会降低审计师的投入，最终影响审计质量（Huang et al.，2016；Eshleman et al.，2017）。因此，政府管制将导致会计师事务所降低效率和对审计质量的关注，诱导会计师事务所寻找政府庇护和寻租，最终导致效率耗损甚至降低审计质量（Chen et al.，2002）。在当前中国经济社会转型时期，国家正在全方位推进深化经济体制和行政服务改革，改革的重点是"简政放权"，减少一切不必要的不利于解放生产力、提升生产效率和配置效率的行政审批、行业管制等。因此，我们认为，放松政府管制以提升效率已经得到中国政府自上而下的认同，加强政府管制不利于效率的提升。由此，本章得到研究假设 H10-1。

H10-1：在其他条件不变的情况下，政府管制与会计师事务所效率显著负相关。

中国经济发展的实践经验表明，发展才是硬道理，不发展就是最大的风险。企业内部治理的首要目标和功能就是促进企业的发展。现有文献表明，较好的公司内部治理通过改善信息不对称、降低代理成本、提高公司效率（Bertrand et al.，2003；Billett et al.，2011；Dittmar et al.，2007），能有效抑制非效率投资（Giroud et al.，2011；方红星 等，2013；杨兴全 等，2010；俞红海，2010；张会丽 等，2012），优化公司资本配置效率（Bates et al.，2005；李云鹤 等，2011）。会计师事务所的服务具有准公共物品的属性（竞争性和非排他性），因此其内部治理是私人部门中的公共治理问题（吴溪 等，2012）。但由于会计师事务所是"人合"和"智合"的专业化组织，显然不能照搬纯公共物品与纯私人物品组织的内部治理模式。会计师事务所的内部治理是专业人士自主协调核心资源的过程，即合伙人自主治理的过程（Greenwood et al.，1990，2005；吴溪 等，2012）。自主治理理论（self-governance theory）① 认为，对公共池塘资源的过度使用会导致资源的退化，因此每个使用者都有治理公共池塘的意愿，并与其他使用者之间存在事实上的委托—代理关系。会计师事务所的内部治理与自主治理高度吻合，会计师事务所内的合伙人都在非排他性地使用会计师事务所

---

① 该理论由美国学者 Elinor Ostrum（1990）提出。该理论有两个基本假设：第一，公共池塘资源是准公共物品，具有非排他性和竞争性；第二，公共池塘资源的使用者是一群相互依赖的委托人。该理论的中心内容是研究一群相互依赖的委托人如何才能把自己组织起来，进行自主治理，从而在所有资源使用者都面对搭便车、规避责任或其他机会主义行为的情况下，取得持久的共同收益（吴溪 等，2012）。

的品牌及其他共有资源。因此，合伙人之间以及合伙人与非合伙人中的注册会计师（CPA）之间形成了事实上的委托—代理关系。同时，依据中注协发布的《会计师事务所内部治理指南》的有关规定①，会计师事务所要建立以股东会（合伙人会议）、董事会（合伙人管理委员会）、监事会和主任会计师为核心的会计师事务所决策、管理与监督以及治理控制体系②。由于股东会（合伙人会议）、董事会（合伙人管理委员会）、监事会成员必须具有注册会计师资格。因此，在以"人合"和"智合"为特征、以注册会计师为最核心资源和资本的会计师事务所中，合伙人作为会计师事务所最高决策和管理的核心成员，他们承担着会计师事务所股东会、董事会、监事会具体的治理任务。合伙人相对规模对会计师事务所内部决策、管理和治理控制发挥着非常重要的"治理激励"作用，这种治理激励主要表现在两个方面：一是合伙人是绝大部分 CPA 职业发展的最终目标，相对规模显示了员工职业发展的上升空间，从而能反映会计师事务所对员工的激励，也有利于吸引和留住优秀员工；二是绝大部分会计师事务所合伙人通常要承担业务发展的任务，合伙人越多，会计师事务所的产出就越多，且越容易获得规模经济和规模效率。

以董事会为核心的公司内部治理机制对企业效率有重要影响（Richardson，2006）。从监督机制层面来看，改善董事会结构、提升董事会监督职能将有助于降低代理成本，从而提高公司决策效率和资源配置效率；发挥大股东对管理者代理行为的监督作用，也将有助于提升公司资本配置效率。从激励机制层面来看，提高管理者在投资中的报酬抑或股权分成比例，能够增强投资者与管理者利益的一致性，缓解管理者代理压力，从而提高生产效率和资源配置效率（李云鹤 等，2011）。由此，本章提出研究假设 H10-2。

---

① 该指南第六条规定，会计师事务所内部治理应当以增进内部和谐为重点，合理规范和有效协调会计师事务所股东（合伙人）之间、股东（合伙人）与注册会计师和员工之间以及其他各相关方面的关系，充分发挥会计师事务所各层次管理机构的职能作用，保障会计师事务所及各利益相关者的合法权益。该指南第二十八条、第二十九条分别规定了会计师事务所股东会的表决方式和决策程序。该指南第三十条规定了会计师事务所董事会的设立、权力和特别情况。该指南第三十六条规定了监事会的设立及权责。该指南第四十一条规定了主任会计师的设立及权责，合伙会计师事务所的主任会计师由执行会计师事务所事务的合伙人担任；有限责任会计师事务所的主任会计师由法定代表人担任，从董事中产生。因此，主任会计师相当于会计师事务所的 CEO。

② 《会计师事务所内部治理指南》第三十条、第三十六条还规定，小规模的会计师事务所可以不设立董事会和监事会，只设立 1 名执行董事或执行事务合伙人、1~2 名监事。

H10-2：其他条件不变的情况下，会计师事务所内部治理与会计师事务所效率显著正相关。

在所有权和经营权分离的制度环境下，公司治理是一种能够有效缓解信息不对称和委托—代理问题的制度设计。政府管制作为上市公司外部治理的一种形式，其存在的最初目的是为弥补公司内部治理不足带来的"治理失灵"问题，如内部人控制。正如前面所述，如果政府管制会导致会计师事务所效率下降，那么对于不同内部治理水平的会计师事务所而言，会存在不一样的"治理失灵"问题，对政府管制的反应也存在差异，导致效率损失的程度也会存在较大差异。鉴于内部治理对会计师事务所效率存在正向影响，我们认为，更高的内部治理水平能够减弱政府管制所带来的效率损失。由此，本章提出研究假设 H10-3。

H10-3：在其他条件不变的情况下，更高的内部治理水平有助于降低政府管制所带来的效率损失。

第三节　研究设计

一、样本选取

本章在调研 2011—2015 年广东省会计师事务所行业收入状况的基础上，获得 2006—2016 年度广东省会计师事务所向中注协报备的详细财务数据。经整理，我们共获得 712 个会计师事务所样本数据和 5 125 个会计师事务所—年度—城市非平衡面板样本数据。

广东省作为中国相对发达的省份，2016 年的 GDP 总量高达 7.95 万亿元，按 2016 年平均汇率折算为 11 578.8 亿美元，比全球 GDP 国家排名第十四位的西班牙仅少 942.8 亿美元，比排在第十五位的墨西哥还多出 942.7 亿美元①。广东省 2016 年的 GDP 占中国 2016 年 GDP 的比重达到 10.7%，连续多年占据中国省份 GDP 总量第一名。在会计师事务所收入方面，广东省会计师事务所行业收入占中国会计师事务所行业收入的比重一直保持在 10% 以上。在会计师事务所数量方面，近年来广东省会计师事务

---

① 每日财经网. 2016 年广东 GDP 总量：连续多年位居全国第一 可比肩西班牙［EB/OL］.（2017-02-26）［2023-05-03］. http://www.mrcjcn.com/n/203717.html.

所的数量维持在 800 家以上，占中国会计师事务所总数的比重在 10% 左右。在会计师事务所规模结构方面，近年来广东省总收入在 1 亿元以上的大型会计师事务所保持在 13 家以上，其总收入占全省会计师事务所总收入的比重维持在 45% 左右；总收入在 1 千万元至 1 亿元的中型会计师事务所保持在 70 家左右，其总收入占全省会计师事务所总收入的比重维持在 28% 左右；总收入在 1 千万元以下的小型会计师事务所数量占全省会计师事务所数量的比重维持在 90% 左右，其总收入占全省会计师事务所总收入的比重维持在 25% 左右。在会计师事务所行业集中度方面，2011—2015 年广东省会计师事务所收入前 50 名的合计收入占总体收入的比重分别为 66.46%、59.22%、58.75%、64.26%、66.52%[①]。广东省会计师事务所行业在总收入、数量、规模结构、行业集中度等特征与广东省在中国的经济地位基本匹配，与中国会计师事务所全行业的基本特征非常接近。因此，本章利用广东省会计师事务所的数据研究政府管制、内部治理对会计师事务所效率的影响，能够反映中国会计师事务所全行业的真实状况。

二、研究方法与模型构建

（一）第一阶段：DEA 估计

数据包络分析是美国著名运筹学家 Charnes 等（1978）提出的一种效率评价方法，被广泛应用于经济学、管理学、系统工程等领域的效率评价。对于专业化服务业的会计师事务所行业而言，构建恰当的生产函数是极为困难的事情。相对于随机前沿分析（stochastic frontier analysis，SFA）参数估计法而言，DEA 作为一种有效的非参数估计方法，不需要明确具体的生产函数形式，还可以提供信息以找出低效率的环节（Banker et al.，2005）。而且 Kim 等（2006）的研究发现，DEA 方法能有效地衡量审计生产效率。因此，本章选用 DEA 而不是 SFA 估计会计师事务所的效率。本章在借鉴 Banker 等（2005）、王永梅等（2012）、卢太平等（2014）方法的基础上，利用特有的会计师事务所报表数据，以会计师事务所的人力资源投入（包括 CPA 数量、合伙人数量、从业人员数量）和人力成本投入

---

① 2011—2015 年广东省会计师事务所收入前 10 名的合计收入占总体收入的比重分别为 38.81%、32.92%、34.44%、37.86、38.22；前 100 名的合计收入占总体收入的比重分别为 75.58%、68.80%、68.18%、73.36%、75.70%。前 50 名会计师事务所的市场占有率刚好在 2/3，更具有统计意义。因此本章选取排名前 50（Big50）作为会计师事务所规模的衡量指标。

（包括薪酬工资、福利、其他支出）为投入要素，以会计师事务所收入和客户数量为产出要素，运用产出导向（VRS）的 BCC 模型（Banker et al.，1984；Banker et al.，2005），利用 Deap2.1 软件进行 DEA 估计可变规模报酬（VRS，投入既定下的产出最大化）下会计师事务所的生产效率，将估计出的效率值作为第二阶段面板 Tobit 回归的被解释变量。DEA 非参数估计会计师事务所效率的投入产出变量定义如表 10-1 所示。

表 10-1　DEA 非参数估计会计师事务所效率的投入产出变量定义

变量类型	变量名称	符号	单位
人力资本投入	CPA 人数	CPA	人
	合伙人人数	Partner	人
	从业人员人数	Employee	人
人力成本投入	工资支出	Salary	百万元
	福利支出	Welfare	百万元
	其他支出	Otherpay	百万元
产出	总收入	Totalrevenue	百万元
	总客户数	Totalcustomer	个

（二）第二阶段：面板 Tobit 回归

以第一阶段估计出的会计师事务所综合效率（Crste）为被解释变量，构建面板 Tobit 回归模型，在控制会计师事务所其他组织特征和外部环境因素的基础上，分年度、城市检验政府管制（QSB）、内部治理（DUM_partner）与会计师事务所综合效率（Crste）的关系。模型如下：

$$\text{Crste} = \alpha_0 + \alpha_1 \text{QSB} + \alpha_2 \text{DUM\_partner} + \sum \text{Contr\_vars} + \sum \text{Year} + \sum \text{City} + \varepsilon$$
$$(10\text{-}1)$$

$$\text{Crste} = \beta_0 + \beta_1 \text{QSB} + \beta_2 \text{DUM\_partner} + \beta_3 \text{QSB} \times \text{DUM\_partner} +$$
$$\sum \text{Contr\_vars} + \sum \text{Year} + \sum \text{City} + \varepsilon \qquad (10\text{-}2)$$

模型（10-1）是用于检验假设 H10-1 和 H10-2 的，我们预期 α_1 显著为负，α_2 显著为正。模型（10-2）是用于检验假设 H10-3 的，我们预期 β_3 显著为正。为避免异常值对回归结果的干扰，所有连续变量的样本数据均做了首尾 1%水平的 Winsorize 处理，回归分析均使用 Stata12 进行处理。

三、变量选择与定义

（一）被解释变量

运用 DEA 方法估计会计师事务所的效率包括三个效率值：技术效率（综合效率，Crste）、纯技术效率（生产率，Vrste）、规模效率（配置效率，Scale）。技术效率等于纯技术效率乘以规模效率，表示综合效率；纯技术效率反映会计师事务所内部的生产率水平，2006—2016 年会计师事务所行业的技术水平有变化，但并没有发生根本性变革，因此纯技术效率可能变化并不明显；规模效率反映会计师事务所内部资源配置效率，会计师事务所组织制度的激励效应可能导致不同会计师事务所内部资源配置效率存在较大差异。基于此，本章选用综合效率（Crste）作为模型（10-1）至模型（10-3）的被解释变量，配置效率（Scale）作为模型（10-1）至模型（10-3）稳健性检验时替换的被解释变量。

（二）解释变量

1. 政府管制（QSB）

政府对审计市场的管制一般包括事前的市场准入管制，事中的执业标准、行为规范、道德准则、质量检查、价格管制等，以及事后的违规、违法惩罚等（DeFond et al.，2005；Lennox et al.，2009；Nelson，2006；Palmrose，2006；于李胜 等，2010）。证券、期货市场是资本市场的主要构成，在此市场上交易的公司是公众公司（以下简称"上市公司"）。上市公司涉及众多相关利益主体，受社会公众关注度极高，影响面广，因此证券期货业务市场受到监管部门的管制与监管更加严厉。如前面所述，监管部门对进入证券期货业务市场的会计师事务所有非常高的市场准入门槛，证券所因此独享因资本市场发展带来的更多机会的同时，相比非证券所而言受到监管部门更严厉的监管。例如，中注协每年都对证券所开展上市公司财务报表审计质量专项检查，覆盖面超过 50%；更是举全国之力检查证券所日常执业行为和执业过程；而非证券所一般由地方注协抽查，每年的覆盖面一般不超过 20%。特别是 2012 年以来，政府加强证券业务市场准入管制的同时，对整个审计市场实行价格管制，并全面增加会计师事务所执业检查批次，加大检查力度。由此可见，相比非证券所，证券所获得市场准入管制带来的好处，也受到价格管制带来的审计服务溢价损失，同时还受到更严厉的执业监管。目前，实务界和学术界对政府全面强化管制与监管的经济后果尚不清楚。为探索政府管制与会计师事务所效率的关系，我们将是否具有证券期货业务资格作为判断政府管制及监管强弱的替代指标（QSB），具有证券期货业务资格（也称"证券所"）取值1，表示受到的管制更严；否则取值0，表示受到的管制更宽松。

2. 内部治理（DUM_partner）

上市公司依靠董事会、监事会等治理机构及其运行制度形成较为完整的内部治理体系，而以"人合""智合"为特征的会计师事务所行业的内部治理不同于以"资金聚合"的上市公司，其主要依赖于会计师事务所合伙人对会计师事务所的经营与管理、相互监督与自律，形成会计师事务所的内部治理。在公司内部治理的衡量指标中，董事会规模是最为常用的指标之一。董事会规模反映了企业各利益团体的代表性，一般认为董事会规模越大，企业决策越民主，这在一定程度上能提升企业的资源配置效率（Hermalin et al.，1988；Lynall et al.，2003）。当然也有文献认为，董事会有最优规模，董事会规模过大反而会降低企业决策效率（Fama et al.，1983；Rosenstein et al.，1997；李维安 等，2007）。依据中注协发布的《会计师事务所内部治理指南》的有关规定①，会计师事务所要建立以股东会（合伙人会议）、董事会（合伙人管理委员会）、监事会和主任会计师为核心的会计师事务所决策、管理与监督以及治理控制体系②。由于股东会（合伙人会议）、董事会（合伙人管理委员会）、监事会成员必须具有注册会计师资格，合伙人作为会计师事务所最高决策和管理的核心成员，他们承担着会计师事务所股东会、董事会、监事会具体的治理功能，合伙人相对规模对会计师事务所内部决策、管理和治理控制发挥着非常重要的作用，因此我们选择合伙人相对规模作为会计师事务所内部治理的衡量指

---

① 《会计师事务所内部治理指南》第六条规定，会计师事务所内部治理应当以增进内部和谐为重点，合理规范和有效协调会计师事务所股东（合伙人）之间、股东（合伙人）与注册会计师和员工之间以及其他各相关方面的关系，充分发挥会计师事务所各层次管理机构的职能作用，保障会计师事务所及各利益相关者的合法权益。该指南第二十八条、第二十九条分别规定了会计师事务所股东会表决方式和决策程序。该指南第三十条规定了会计师事务所董事会的设立、权力和特别情况。该指南第三十六条规定了监事会的设立及权责。该指南第四十一条规定了主任会计师的设立及权责，合伙会计师事务所的主任会计师由执行会计师事务所事务的合伙人担任；有限责任会计师事务所的主任会计师由法定代表人担任，从董事中产生。因此，主任会计师相当于会计师事务所的CEO。

② 《会计师事务所内部治理指南》第三十条、第三十六条还规定，小规模的会计师事务所可以不设立董事会和监事会，只设立1名执行董事或执行事务合伙人、1~2名监事。

标。相对规模大，表示内部治理好；反之亦然。

（三）控制变量

本章在调研 2011—2015 年广东省会计师事务所行业收入过程中，根据会计师事务所合伙人普遍反映的情况，结合相关文献，控制会计师事务所组织形式（Org_form）、是否是分所（Divisions）、会计师事务所规模（Big50）、专业化程度（CPA_g）、业务集中度（Busi_con）等可能影响会计师事务所效率的内部特征，同时控制反映会计师事务所所在地区经济发展水平及趋势的地区国民生产总值指数（也叫 GDP 指数，GDPindex）和反映会计师事务所所在地区行业竞争状态的行业集中度（HHI），以及反映会计师事务所所在地区产业活力的产业集聚（CYJJ）等外部环境特征（因篇幅所限，控制变量选择分析略），并区分不同城市、年度的地区效应和时间效应。回归模型的相关变量定义如表 10-2 所示。

表 10-2 回归模型的相关变量定义

变量名称	变量符号	预计方向	定义
被解释变量			
综合效率	Crste	—	技术效率，DEA 估算，等于纯技术效率×规模效率
配置效率	Scale	—	规模效率，DEA 估算
解释变量			
政府管制	QSB	−	哑变量，有证券业务资格的会计师事务所取 1，表示政府管制严厉；否则取 0
内部治理	DUM_partner	+	哑变量，合伙人相对规模；等于合伙人人数与员工人数的比值，高于中位数取值 1，表示内部治理好；反之亦然
控制变量			
组织形式	Org_form	+	哑变量，合伙制（含普通合伙和特殊合伙）取 1；否则取 0
分所	Divisions	+	哑变量，分所取 1，总所取 0
规模	Big50	−	哑变量，是广东省注协发布的省内百强排名前 50 会计师事务所取 1；否则取 0
专业化程度	CPA_g	+	等于 CPA 人数除以员工人数，值越大表示专业化程度越高

表10-2(续)

变量名称	变量符号	预计方向	定义
业务集中度	Busi_con	−	等于审计业务收入除以总收入的比值
地区经济水平	GDPindex	+	等于各地级市的 GDP 指数
地区行业集中度	HHI	+	各地级市会计师事务所行业的 HHI 指数,值越大表示集中度越高,竞争度越低;反之亦然
地区产业集聚	CYJJ	+	所在地区会计师事务所数量除以广东省会计师事务所数量的比值
时间趋势	POST	?	样本时间处于 2012 年及之后,取值 1;2012 年之前,取值 0
城市	City	—	地区效应
年度	Year	—	年度效应

第四节　中国会计师事务所行业的效率现状

如表 10-3 所示,会计师事务所的综合效率(Crste)平均为 0.69,与最优技术效率(Crste＝1)还有很大差距。生产率(Vrste)均值为 0.93,处于较高水平。配置效率(Scale)均值为 0.74,水平并不高。Effchange 表示会计师事务所综合效率的变动方向,0 表示递减,1 表示不变,2 表示递增;超过一半以上(87.4%)的会计师事务所的综合效率处于递减状态,10.85%的会计师事务所处于效率不变状态,只有 1.75%的会计师事务所处于效率递增状态。在投入要素中,在人力资源投入方面,CPA 人数、合伙人人数和从业人员人数的均值均大于中位数,反映当前中国会计师事务所行业的核心资源非常分散,基本符合当前中国会计师事务所行业"小、散、乱"的现状。合伙人和 CPA 数量最小值为 1,原因是这些会计师事务所是分所,现有的法规没有明确规定分所的合伙人和 CPA 的数量,同时也说明这部分会计师事务所的专业化程度不高。在资本投入方面,整体而言,不同会计师事务所存在较大差异,特别是福利支出(Welfare)和其他支出(Otherpay),均值均大于中位数,且差异较大,说明样本受部分异常值的影响较明显,这在一定程度上也反映了会计师事务所行业的成本结构具有较大差异。在产出方面，总收入（Totalrevenue）和总客户数（Totalcustomer）的均值远远大于中位数，说明样本受部分异常值的影响较明显，也反映出当前中国会计师事务所的行业集中度较低。

表 10-3　会计师事务所的投入产出效率描述性统计

变量	Obs	Mean	Std. Dev.	Min	Med	Max
Crste	5 125	0.692	0.175	0.412	0.659	1
Vrste	5 125	0.933	0.049	0.800	0.933	1
Scale	5 125	0.739	0.168	0.432	0.724	1
Effchange	5 125	0.144	0.398	0	0	2
Totalrevenue	5 125	8.358	29.100	0	2.068	387
Totalcustomer	5 125	536.035	721.964	1	336	13 848
CPA	5 125	11.989	16.256	1	7	227
Employee	5 125	30.086	61.346	1	16	769
Partner	5 125	3.611	2.972	1	2	80
Salary	5 125	2.978	12.100	0	0.747	173
Welfare	5 125	0.168	1.545	0	0.010	78.800
Otherpay	5 125	2.161	7.623	0	0.423	156

图 10-1 反映了 2006—2016 年样本会计师事务所的综合效率（Crste）、生产率（Vrste）、资源配置效率（Scale）以及效率保持平稳或递增的水平。如图 10-1 所示，会计师事务所的综合效率（Crste）在 0.625~0.864，离完全有效水平 1 还有较大距离，整体上处于不断提升态势，但过程波动较大。资源配置效率（Scale）在 0.676~0.906，离完全有效水平 1 也有较大距离，整体态势与综合效率（Crste）完全一致。由于过去十多年来会计师事务所开展业务的技术并没有发生质的变化，因此其生产率（Vrste）并没有太大变化，基本在 0.91~0.96，生产率水平较高。这反映出会计师事务所效率变动状态的指标（Effchange）的均值为 14.36%，表明只有 14.36% 的样本会计师事务所的综合效率处于不变或者递增状态，也意味着 85.64% 的会计师事务所综合效率处于效率递减状态。在 127 家连续 11 年都进入样本的会计师事务所中，综合效率（Crste）、生产率（Vrste）、配置效率（Scale）所处的水平区间和变动趋势与全样本基本一致。这反映出会计师事务所效率变动状态的指标（Effchange）的均值为 7.73%，表明只

有7.73%的样本会计师事务所（10家）的综合效率处于不变或者递增状态。

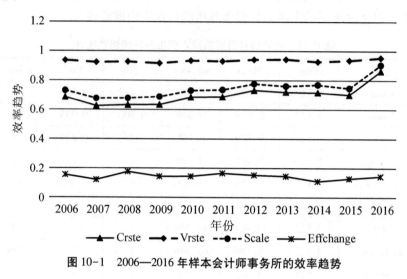

图 10-1　2006—2016 年样本会计师事务所的效率趋势

第五节　实证结果分析

一、描述性统计

表 10-4 中的 Panel A 展示的是全样本的各变量的描述性统计。数据表明，只有 9.33% 的会计师事务所具有证券、期货业务资格，高于全国的平均水平（7.71%）；有 50.32% 的会计师事务所的内部治理较好。在控制变量中，将近 63% 的会计师事务所选择了合伙制；有 10.19% 的会计师事务所为分所；进入广东省会计师事务所排名前 50 的会计师事务所占 10.73%；CPA 相对规模均值为 35%，代表会计师事务所的专业化水平；审计业务占会计师事务所收入的比重（业务集中度）均值为 71%，与全国平均水平保持一致。在外部环境要素中，各地市的经济发展水平（GDPindex）的均值略高于中位数，表明各地市 GDP 增长差异较大；各地区会计师事务所行业集中度（HHI）的均值为 0.005 3，这与广东省会计师事务所收入主要集中在广州、深圳两市（2015 年两市会计师事务所市场占有率之和高达 83%）

的现状相吻合，与中国会计师事务所行业集中度现状基本吻合①；会计师事务所产业集聚（CYJJ）均值为18%，集聚水平较低；44.62%的样本处于两个管制文件（财会〔2012〕2号文和粤价〔2011〕313号文）实施之后的时间区间，两个管制文件实施前后的样本量比较接近。

从表10-4中的Panel B、Panel C和Panel D可以看出，受管制更严厉的证券所的综合效率和配置效率显著低于受管制更宽松的非证券所，假设H10-1得到初步验证。Panel C还显示，两个管制文件实施前，非证券所的综合效率和配置效率、内部治理水平、专业化程度都显著高于证券所，这可能与财会〔2012〕2号文的前一个市场准入管制文件《财政部 证监会关于会计师事务所从事证券、期货相关业务有关问题的通知》的严格规定有关。在其他组织特征的控制变量中，选择合伙制组织形式的非证券所显著少于证券所，与合伙制更有利于证券所对外扩张的事实相符；证券所是分所的比例、进入广东省会计师事务所排名前50的比例、业务集中度都显著高于非证券所。在外部环境控制变量中，非证券所所在地区的经济发展水平显著高于证券所所在地区，而行业集中度和产业聚集则显著低于证券所所在地区。

表10-4中的Panel D显示，两个管制文件实施后，虽然证券所的综合效率和配置效率仍然显著低于非证券所，但是在尚未剔除时间趋势等因素的情况下，证券所的综合效率和配置效率都有显著提升（分别提升了14.84%、14.26%），非证券所的综合效率和配置效率也有显著提升（分别提升了11.3%、10.19%），而且受管制更严厉的证券所的效率提升更高。非证券所的合伙人相对规模显著高于证券所，表明非证券所的内部治理显著好于证券所。而证券所的组织形式为合伙制的比率显著高于非证券所，这与财会〔2012〕2号文将会计师事务所的组织形式转为特殊的普通合伙制作为申请证券业务资格的前置条件有关。分所是证券所比例显著高于非证券所，这跟证券所有业务规模要求有关，多开分所才能加快发展壮大。证券所进入排名前50的比例显著高于非证券所，这与规模大的会计师事务所才具备证券资格申请条件有关。令人惊奇的是，证券所的CPA相对规模与财会〔2012〕2号文实施前一样，显著小于非证券所，表明非证券所的

---

① 凡是涉及与全国会计师事务所行业对比的数据均来源于中注协。中国注册会计师协会. 中国注册会计师行业发展报告 [M]. 北京：中国财政经济出版社，2016：24-107.

专业化水平更高，这可能与该文件只规定了 CPA 绝对规模而不是相对规模要求有关。证券所的业务集中度略高于非证券所，表明证券所的多元化程度并不见得比非证券所高，审计业务所占比重依然很高。在外部环境因素中，证券所所在地的经济发展水平、行业集中度以及产业集聚比非证券所所在地更高。

表 10-4 中的 Panel E 显示，内部治理水平高的会计师事务所的综合效率和配置效率显著高于内部治理水平低的会计师事务所，假设 H10-2 得到初步验证。表 10-4 中的 Panel F 和 Panel G 显示，在内部治理高的会计师事务所中，证券所与非证券所的综合效率和配置效率都不存在显著差异；而在内部治理低的会计师事务所中，证券所的综合效率和配置效率显著低于非证券所，表明内部治理对会计师事务所效率存在正向影响的同时，内部治理还对政府管制与会计师事务所效率的负向关系起正向调节作用，验证了假设 H10-3 的同时，也进一步验证了假设 H10-2。

表 10-4 中的 Panel H、Panel I 和 Panel J 分别展示了不同组织形式、总分所、规模的会计师事务所效率情况。如表 10-4 所示，合伙制的效率显著高于有限制。分所的综合效率高于总所，但不存在显著差异；分所的配置效率则显著低于总所，这与总所的政治资源、人才等优势有密切关系[1]。令人感到意外的是，排名前 50 的会计师事务所（Big50）的效率显著低于非 Big50，表明规模大的会计师事务所可能获得规模收益，但并不一定获得规模效率。

表 10-4　描述性统计

Panel A：全样本描述性统计						
变量	Obs	Mean	Std. Dev.	Min	Med	Max
Crste	5 125	0.692	0.175	0.412	0.659	1
Scale	5 125	0.739	0.168	0.432	0.724	1
QSB	5 125	0.093	0.291	0	0	1
DUM_partner	5 125	0.503	0.500	0	1	1
Org_form	5 125	0.628	0.483	0	1	1

---

① 在 2017 年 4 月最新公布的 40 家证券所中，有 27 家会计师事务所的总部设在中国的政治中心、首都——北京市，占比 68%；3 家总部设在中国的经济中心、金融中心——上海市；只有 1 家设在广东省。

表10-4(续)

Panel A：全样本描述性统计						
变量	Obs	Mean	Std. Dev.	Min	Med	Max
Divisions	5 125	0. 102	0. 303	0	0	1
Big50	5 125	0. 107	0. 31	0	0	1
CPA_g	5 125	0. 350	0. 161	0. 091	0. 329	0. 917
Busi_con	5 125	0. 713	0. 201	0. 066	0. 752	0. 994
GDPindex	5 125	111. 409	3. 137	105	110. 650	132. 920
HHI	5 125	0. 005	0. 005	2. 30E−07	0. 007	0. 014
CYJJ	5 125	0. 184	0. 141	0. 007	0. 241	0. 363
POST	5 125	0. 446	0. 497	0	0	1

Panel B：不同管制程度下的会计师事务所效率描述								
变量	QSB = 1			QSB = 0			QSB = 1 VS QSB = 0	
	Mean	Med	Std. Dev.	Mean	Med	Std. Dev.	t value	z value
Crste	0. 661	0. 593	0. 196	0. 695	0. 664	0. 172	4. 036 ***	5. 233 ***
Scale	0. 678	0. 613	0. 197	0. 746	0. 729	0. 163	8. 437 ***	8. 675 ***

Panel C：财会〔2012〕2 号文实施前证券所和非证券所描述性统计								
变量	QSB = 1			QSB = 0			QSB = 1 VS QSB = 0	
	Mean	Med	Std. Dev.	Mean	Med	Std. Dev.	t value	z value
Crste	0. 614	0. 561	0. 179	0. 662	0. 620	0. 179	3. 934 ***	4. 649 ***
Scale	0. 631	0. 581	0. 179	0. 715	0. 687	0. 169	7. 029 ***	7. 630 ***
DUM_partner	0. 078	0	0. 269	0. 591	1	0. 492	15. 588 ***	14. 963 ***
Org_Form	0. 665	1	0. 473	0. 602	1	0. 490	−1. 894 *	−1. 893 *
Divisions	0. 809	1	0. 394	0. 019	0	0. 136	−66. 862 ***	−41. 663 ***
Big50	0. 661	1	0. 474	0. 057	0	0. 231	−33. 830 ***	−28. 560 ***
CPA_g	0. 331	0. 324	0. 183	0. 380	0. 343	0. 178	3. 926 ***	3. 963 ***
Busi_con	0. 773	0. 854	0. 213	0. 667	0. 697	0. 198	−7. 720 ***	−9. 249 ***
GDPindex	112. 580	112. 170	2. 145	113. 157	112. 500	3. 182	2. 693 ***	2. 562 **
HHI	0. 009	0. 011	0. 004	0. 006	0. 007	0. 006	−9. 116 ***	−8. 518 ***
CYJJ	0. 258	0. 263	0. 109	0. 180	0. 222	0. 147	−7. 860 ***	−6. 543 ***

表10-4(续)

Panel D：财会〔2012〕2号文实施后证券所和非证券所描述性统计								
变量	QSB＝1			QSB＝0			QSB＝1 VS QSB＝0	
	Mean	Med	Std. Dev.	Mean	Med	Std. Dev.	t value	z value
Crste	0.705	0.683	0.202	0.737	0.722	0.154	2.975***	3.028***
Scale	0.721	0.708	0.204	0.786	0.784	0.145	6.350***	5.066***
DUM_partner	0.028	0	0.166	0.497	0	0.500	14.670***	14.028***
Org_Form	0.960	1	0.197	0.617	1	0.486	−10.988***	−10.711***
Divisions	0.964	1	0.187	0.024	0	0.152	−89.667***	−42.191***
Big50	0.702	1	0.459	0.037	0	0.190	−42.221***	−31.652***
CPA_g	0.275	0.259	0.122	0.324	0.310	0.128	5.713***	6.253***
Busi_con	0.767	0.828	0.210	0.759	0.803	0.187	−0.631	−1.870*
GDPindex	109.384	108.860	1.198	109.902	108.860	1.431	−0.991	−1.816*
HHI	0.006	0.007	0.004	0.004	0.001	0.004	−8.149***	−8.525***
CYJJ	0.251	0.273	0.103	0.172	0.260	0.135	−8.927***	−7.822***

Panel E：不同内部治理水平下的会计师事务所效率描述								
变量	DUM_partner＝1			DUM_partner＝0			DUM_partner＝1 VS DUM_partner＝0	
	Mean	Med	Std. Dev.	Mean	Med	Std. Dev.	t value	z value
Crste	0.700	0.669	0.174	0.684	0.652	0.175	−3.195***	−3.182***
Scale	0.754	0.738	0.164	0.724	0.712	0.170	−6.343***	−6.204***

Panel F：高内部治理组证券所与非证券所描述性统计								
变量	QSB＝1			QSB＝0			QSB＝1 VS QSB＝0	
	Mean	Med	Std. Dev.	Mean	Med	Std. Dev.	t value	z value
Crste	0.71	0.586	0.231	0.699	0.669	0.174	−0.292	0.121
Scale	0.728	0.623	0.224	0.754	0.739	0.164	0.781	0.792

表10-4（续）

Panel G：低内部治理组证券所与非证券所描述性统计							
变量	QSB = 1			QSB = 0			QSB = 1 VS QSB = 0	
	Mean	Med	Std. Dev.	Mean	Med	Std. Dev.	t value	z value
Crste	0.658	0.593	0.194	0.689	0.66	0.17	3.429 ***	4.608 ***
Scale	0.675	0.612	0.195	0.735	0.723	0.165	6.852 ***	7.282 ***

Panel H：不同组织形式的会计师事务所效率统计描述							
变量	Org_form = 1			Org_form = 0			Org_form = 1 VS Org_form = 0	
	Mean	Med	Std. Dev.	Mean	Med	Std. Dev.	t value	z value
Crste	0.739	0.718	0.164	0.612	0.557	0.164	−26.859 ***	−27.246 ***
Scale	0.788	0.784	0.154	0.657	0.608	0.158	−29.03 ***	−28.002 ***

Panel I：分所与总所的会计师事务所效率统计描述							
变量	Divisions = 1			Divisions = 0			Divisions = 1 VS Divisions = 0	
	Mean	Med	Std. Dev.	Mean	Med	Std. Dev.	t value	z value
Crste	0.702	0.651	0.202	0.691	0.660	0.171	−1.432	−0.111
Scale	0.721	0.685	0.202	0.741	0.725	0.163	2.642 ***	3.173 ***

Panel J：50大与非50大会计师事务所效率统计描述							
变量	Big50 = 1			Big50 = 0			Big50 = 1 VS Big50 = 0	
	Mean	Med	Std. Dev.	Mean	Med	Std. Dev.	t value	z value
Crste	0.588	0.524	0.171	0.704	0.675	0.171	15.059 ***	16.390 ***
Scale	0.602	0.539	0.169	0.756	0.739	0.160	21.231 ***	20.675 ***

注：*** 表示 $p<0.01$，** 表示 $p<0.05$，* 表示 $p<0.1$。

二、实证分析

表10-5展示了模型（10-1）的分年度、城市的面板 Tobit 回归结果。结果显示，代表政府管制的 QSB 与会计师事务所综合效率显著负相关，反映了由于政府管制更严格，证券所的综合效率显著低于非证券所，表明政

府管制会导致会计师事务所效率损失。因此，假设 H10-1 得到验证。代表会计师事务所内部治理的 DUM_partner 与会计师事务所综合效率显著正相关，表明在现阶段中国会计师事务所合伙人相对规模越大，对会计师事务所综合效率的提升越有利，同时也表明以合伙人相对规模而不是绝对规模做充当会计师事务所内部治理机制有较显著的现实意义，假设 H10-2 得到验证。

组织特征的控制变量回归结果显示，代表会计师事务所组织形式的 Org_form 与会计师事务所综合效率显著正相关，表明合伙制组织形式比有限制组织形式更有效率。代表会计师事务所分所的 Divisions 与会计师事务所综合效率显著正相关，表明分所的综合效率显著高于总所。在当前中国会计师事务所"做强做大"的战略背景下，分所的综合效率显著高于总所是必然的，原因有两个：第一，从总所的角度来看，一方面总所基于"做强做大"战略目标的考虑，一般会给予分所大量资源匹配支持和更大的决策权，一般不会对分所实施严格的管控；另一方面，会计师事务所的工作具有很强的专业性，只有参与其中的项目组成员才能感知项目的风险程度，而总所由于空间和时间的限制是无法判断项目风险的，因此也无法对分所的业务提出具体的管控要求。第二，从分所的角度来看，一方面发展是第一位的，在做强做大和优质客户资源既定的背景下，不发展才是最大的风险，因此严格的内控必然影响自身发展的速度和效率，影响自身及团队成员的经济收益；另一方面，会计师事务所现有的风险承担制度是"一个合伙人出问题，总所和分所一起承担责任"，决定了分所更注重发展效率而不是风险控制。代表会计师事务所规模 Big50 与会计师事务所综合效率显著负相关，符合当前中国会计师事务所行业的现状和现实：一是 Big50 会计师事务所一般是具有证券业务资格的[①]，而具有证券业务资格的会计师事务所受到较严厉的外部管制和监管以及较严格的自我约束要求，牺牲效率以保证审计质量的可能性更大；二是中国会计师事务所行业"小、散、乱"的现状，恶性竞争较为普遍，特别是在市场规模更大的非上市公司业务领域和政府购买服务领域大型会计师事务所并不具备优势。代表专业化程度的 CPA_g 指标与会计师事务所综合效率显著正相关，与

---

① 据统计，全国 47 家证券业务资格会计师事务所共有 34 家在广东开设了分所，含广东省内 1 家证券业务资格所的总所和分所，共有 70 家总分所具有证券业务资格。如 2016 年广东省综合排名前 50 的会计师事务所中只有 9 个所（总分所）是非证券业务资格所。

CPA 作为会计事务所核心资源和资产的地位相匹配。代表会计师事务所业务集中度的 Busi_con 指标与会计师事务所综合效率显著负相关，表明会计师事务所审计业务占比越高，综合效率越低，这为鼓励会计师事务所发展新业务、实施多元化战略提供理论证据。

外部环境因素的控制变量回归结果显示，代表会计师事务所所在地区经济发展水平的 GDPindex 与会计师事务所综合效率正相关但不显著，符合我们的预期，不显著的原因可能是：西方经典经济学所认为的竞争能够促进社会效率是指有效的竞争，反过来说，无效、无序的竞争并不一定能提升社会效率，还可能造成资源浪费；当前中国会计师事务所行业处于无序竞争、恶性竞争状态，这种状态使会计师事务所无法充分地分享地方经济发展带来的好处，我们以竞争激烈程度进行分组回归验证了这种可能[①]。行业集中度越高，竞争激烈程度越低；代表行业集中度的 HHI 指标与会计师事务所综合效率正相关，表明会计师事务所行业需要做强做大以提升行业集中度、减少无序竞争，避免无序、恶性竞争破坏会计师事务所发展环境，降低由无序竞争所带来的效率损失和审计服务质量牺牲。产业聚集有助于人才、资金等要素在产业内更好地流动，从而提升要素资源的配置效率。代表地区产业集聚的 CYJJ 指标与会计师事务所综合效率显著正相关，符合我们的预期。

表 10-5 还展示了模型（10-2）分年度、城市的面板 Tobit 回归结果。结果显示，QSB 的系数显著为负，表明政府管制与会计师事务所综合效率显著负相关；DUM_partner 的系数显著为正，表明内部治理与会计师事务所综合效率显著正相关。而我们所关注的政府管制与内部治理的交互项 QSBxDUM_partner 显著为正，表明内部治理对政府管制所造成的效率损失起正向调节作用。其他变量与会计师事务所效率的关系方向和显著性水平与模型（10-1）的结果一致。结合表 10-5 的回归系数可以看出，如图 10-2 所示象限 A 的效率值最高，意味着政府管制松、内部治理水平好的会计师事务所效率水平最高；象限 D 的效率值次之，意味着政府管制松、内部治

---

① 以《2001—2015 年广东省会计师事务所行业收入分析》调研课题的实地调研为依据，我们将广东省经济最发达、竞争激烈程度最高的珠三角地区 9 个城市（广州、深圳、惠州、珠海、佛山、东莞、江门、中山、肇庆）定为竞争激烈组，其他 12 个城市定为竞争一般组，做分组回归发现，竞争激烈组 GDPindex 的回归系数为-0.0102，在 1% 水平上显著；竞争一般组，GDP 的回归系数为 0.004 1，不显著。由于篇幅所限，此处不展示回归结果。

理水平差的会计师事务所效率次之；象限 B 的效率值第三，意味着政府管制严、内部治理水平好的会计师事务所效率再次之；象限 C 的效率值最低，意味着政府管制严、内部治理水平差的会计师事务所效率最低。这表明，不管内部治理如何，放松政府管制对会计师事务所效率提升更有利（A>B，D>C）；同时也表明，不管政府管制如何，内部治理好对会计师事务所效率提升更有利（B>C，A>D）。在政府不断加强管制和加大监管力度的现阶段，会计师事务所内部治理越好，越能减弱外部管制所带来的效率损失。由此可见，会计师事务所内部治理不仅对其效率起到正向促进作用，同时对外部管制引起的会计师事务所效率损失起到正向调节作用。因此，假设 H10-3 得到验证，也进一步验证了假设 H10-1 和 H10-2。

表 10-5　面板 Tobit 回归结果

变量	模型（10-1） Crste	模型（10-2） Crste
QSB	−0. 105 0 ***	−0. 119 0 ***
	(0. 026 6)	(0. 027 4)
DUM_partner	0. 026 4 ***	0. 025 1 ***
	(0. 005 6)	(0. 005 7)
QSB×DUM_partner	—	0. 074 9 **
		(0. 034 4)
Org_form	0. 130 0 ***	0. 131 0 ***
	(0. 011 2)	(0. 011 2)
Divisions	0. 123 0 ***	0. 131 0 ***
	(0. 025 8)	(0. 025 9)
Big50	−0. 062 7 ***	−0. 061 1 ***
	(0. 010 5)	(0. 010 6)
CPA_g	0. 080 5 ***	0. 079 1 ***
	(0. 015 9)	(0. 015 9)
Busi_con	−0. 071 6 ***	−0. 070 5 ***
	(0. 011 5)	(0. 011 5)
GDPindex	0. 001 7	0. 001 7
	(0. 001 1)	(0. 001 1)
HHI	0. 900 0	0. 926 0
	(1. 380 0)	(1. 380 0)
CYJJ	0. 853 0 ***	0. 856 0 ***
	(0. 150 0)	(0. 150 0)

表10-5(续)

变量	模型（10-1） Crste	模型（10-2） Crste
Constant	0. 421 0 ***	0. 421 0 ***
	（0. 133 0）	（0. 133 0）
Sigma_u	0. 114 0 ***	0. 114 0 ***
	（0. 003 9）	（0. 003 9）
Sigma_e	0. 116 0 ***	0. 116 0 ***
	（0. 001 3）	（0. 001 3）
Observations	5 125	5 125
Number Of Id	712	712
Year	控制	
City	控制	
Rho	0. 491 92	0. 490 5
	（0. 018 3）	（0. 018 3）
Wald chi2(40)	1 471. 710 0	1 478. 100 0
Log likelihood	2 403. 638 6	2 406. 022 5
Prob > Chi2	0	0
LR test	Chibar2(01)= 1 615. 3 800	Chibar2(01)= 1 607. 3 500
	Prob>=Chibar2 = 0	Prob>=Chibar2 = 0

注: *** 表示 $p<0.01$, ** 表示 $p<0.05$, * 表示 $p<0.1$。

内部治理

		好	差
政府管制	严	B: $=\beta_0+\beta_1+\beta_2+\beta_3$	C: $=\beta_0+\beta_1$
	松	A: $=\beta_0+\beta_2$	D: $=\beta_0$

图 10-2　政府管制与内部治理交互对会计师事务所效率的影响

三、稳健性检验

我们对模型（10-1）的稳健性做了如下检验：第一，我们将被解释变量——综合效率（Crste）更换为配置效率（Scale），同样运用面板 Tobit 分年度、城市进行回归，回归结果如表 10-6 所示，与表 10-5 的回归结果完全一致。第二，剔除总部不在广东省内的会计师事务所分所样本。据统计，40 家具有证券业务资格的全国性大型会计师事务所有 34 家在广东省内开设了分所，这些分所背靠大品牌，拥有强大的总所资源支持。相对于地方性会计师事务所总所及其分所，全国性大型会计师事务所的分所的内部治理和内部控制质量都比较好，为避免这部分样本对本章的研究结果造成影响，我们将全国大型会计师事务所的分所样本剔除，剩下的广东省内会计师事务所样本的回归结果如表 10-6 所示，分别代表外部管制和内部治理的 QSB、DUM_partner 与会计师事务所综合效率的关系及显著性水平保持不变，各个控制变量与会计师事务所综合效率的关系及显著性水平也保持不变。由此表明，模型（10-1）的设定及回归结果较稳健，假设 H10-1 和假设 H10-2 通过检验。我们对模型（10-2）做一个稳健性检验，如表 10-6 所示，将被解释变量综合效率（Crste）替换为配置效率（Scale）后，分别代表外部管制和内部治理的 QSB、DUM_partner 与会计师事务所配置效率（Scale）的关系及显著性水平保持不变，各个控制变量与会计师事务所综合效率的关系及显著性水平也保持不变。由此表明，模型（10-2）的设定及回归结果较稳健，假设 H10-3 通过检验。第三，我们认为小微型会计师事务所的报表数据质量可能不高，为此我们按会计师事务所业务总收入排名，将排名最后 10% 的会计师事务所样本剔除，实证结果与全样本一致。第四，我们运用投入导向（CRS）的 BCC 模型代替产出导向（VRS）的 BCC 模型（Banker et al.，1984），利用 Deap2. 1 软件重新测算不可变规模报酬（CRS，规模既定下的投入最小化）下的会计师事务所效率（综合效率、生产率、配置效率），将估计出的综合效率值和配置效率值作为第二阶段面板 Tobit 回归的被解释变量，回归结果与产出导向（VRS）的分析结果完全一致。

表 10-6　稳健性检验

变量	模型（10-1）		模型（10-2）
	全样本 Scale	省内组 Crste	全样本 Scale
QSB	−0. 116 0*** (0. 025 3)	−0. 069 9** (0. 033 2)	−0. 128 0*** (0. 026 0)
DUM_partner	0. 033 9*** (0. 005 3)	0. 029 3*** (0. 005 6)	0. 032 7*** (0. 005 3)

表10-6(续)

变量	模型(10-1)		模型(10-2)
	全样本 Scale	省内组 Crste	全样本 Scale
QSBxDUM_partner	—	—	0.063 8** (0.032 4)
Org_form	0.136 0*** (0.010 7)	0.150 0*** (0.011 7)	0.137 0*** (0.010 7)
Divisions	0.111 0*** (0.024 5)	0.140 0*** (0.038 6)	0.118 0*** (0.024 7)
Big50	−0.083 8*** (0.009 9)	−0.023 5* (0.012 2)	−0.082 4*** (0.010 0)
CPA_g	0.059 2*** (0.015 0)	0.070 7*** (0.016 1)	0.058 1*** (0.015 0)
Busi_con	−0.072 1*** (0.010 9)	−0.070 0*** (0.011 9)	−0.071 1*** (0.010 9)
GDPindex	0.001 7 (0.001 0)	0.001 5 (0.001 1)	0.001 7 (0.001 0)
HHI	−0.138 0 (1.309 0)	1.137 0 (1.423 0)	−0.115 0 (1.309 0)
CYJJ	0.662 0*** (0.142 0)	0.909 0*** (0.155 0)	0.665 0*** (0.142 0)
Constant	0.468 0*** (0.126 0)	0.425 0*** (0.131 0)	0.468 0*** (0.126 0)
Sigma_u	0.109 0*** (0.003 7)	0.110 0*** (0.004 0)	0.109 0*** (0.003 7)
Sigma_e	0.109 0*** (0.001 3)	0.114 0*** (0.001 3)	0.109 0*** (0.001 3)
Year	控制		
City	控制		
Observations	5 125	4 677	5 125
Number of id	712	630	712
Rho	0.501 7 (0.018 4)	0.483 7 (0.019 4)	0.500 5 (0.018 4)
Wald chi2(40)	1 690.960 0	1 398.270 0	1 696.580 0

表10-6(续)

变量	模型(10-1)		模型(10-2)
	全样本 Scale	省内组 Crste	全样本 Scale
Log likelihood	2 461.768 8	2 300.113 8	2 463.710 0
Prob > Chi2	0	0	0
LR test	Chibar2(01)= 1 644.400 0 Prob>=Chibar2=0	Chibar2(01)= 1 456.970 0 Prob>=Chibar2=0	Chibar2(01)= 1 636.660 0 Prob>=Chibar2=0

注: *** 表示 $p<0.01$, ** 表示 $p<0.05$, * 表示 $p<0.1$。

四、内生性讨论

在本章的两个主要考察变量中，政府管制的替代变量——具有期货、证券业务资格（QSB）是市场准入许可资格，受财政部和证监会审批，而且审批部门对数量有严格限制（不会因为会计师事务所达到相应的申请条件而增加数量），是典型的外生管制变量。内部治理的替代变量——合伙人规模（DUM_partner）可能存在一定内生性，但是我们采用合伙人的相对规模而不是绝对规模，这在一定程度上减弱了随着会计师事务所效率提升、发展壮大而导致合伙人绝对规模变大的内生性。因此，本章不存在内生性问题或内生性不明显。

五、进一步分析

2012 年，中国政府对会计师事务所进入证券期货市场实行更严的市场准入管制（实施财会〔2012〕2 号文），同时对全行业实行价格管制（实施粤价〔2011〕313 号文），给会计师事务所特别是证券所造成巨大的影响。为评估这两项管制措施对会计师事务所效率的影响，我们以 2012 年为时间分界点，构建时间趋势变量 POST，两个管制文件实施前即 2012 年以前，POST 取值 0；两个管制文件实施后即 2012 年以后年份（含 2012 年），POST 取值 1，构建双重差分（DID）模型（10-3），以检验两个管制文件实施这一外生事件对处于不同监管压力下的会计师事务所的效率的影响。

$$Crste = Constant + QSB + POST + QSB \times POST + DUM\_partner +$$
$$\sum Contr\_vars + \sum City + \varepsilon \qquad (10\text{-}3)$$

如表 10-7 所示，Constant 等于 0.691，显著为正，代表两个管制文件实施前非证券所的效率水平，高于两个管制文件实施前非证券所的效率均值 0.662。QSB 等于-0.108，显著为负，表明两个管制文件实施前证券所的效率显著低于非证券所，与模型（10-1）和模型（10-2）的结论是一致的。POST 等于 0.058 6，显著为正，反映出两个管制文件实施后非证券所的效率显著提升了。我们重点关注两个管制文件实施前后证券所的效率差异的 QSB×POST 等于-0.024 9，显著为负，反映出两个管制文件实施后证券所的效率显著降低了。由此可见，两个管制文件的实施代表着政府管制加强了，对受监管严厉的证券所的效率影响更大，也表明加强政府管制对会计师事务所效率显著的负向影响。表 10-7 第 3 列是模型（10-3）的稳健性检验，结果显示，主要考察变量与会计师事务所配置效率的关系及显著性水平未发生改变，因此进一步验证了假设 H10-1。

表 10-7　模型（10-3）回归结果

变量	Crste	Scale
QSB	-0.108 0 *** (0.027 5)	-0.118 0 *** (0.026 2)
POST	0.058 6 *** (0.005 5)	0.054 1 *** (0.005 2)
QSBXPOST	-0.024 9 * (0.013 8)	-0.026 0 ** (0.013 1)
DUM_partner	0.026 2 *** (0.005 9)	0.034 2 *** (0.005 6)
Org_form	0.134 0 *** (0.011 4)	0.140 0 *** (0.010 9)
Divisions	0.131 0 *** (0.026 2)	0.119 0 *** (0.025 0)
Big50	-0.051 1 *** (0.011 0)	-0.071 7 *** (0.010 5)
CPA_g	0.046 4 *** (0.016 2)	0.028 5 * (0.015 5)
Busi_con	-0.068 8 *** (0.012 1)	-0.069 9 *** (0.011 5)
GDPindex	-0.000 8 (0.000 8)	-0.001 6 ** (0.000 7)

表10-7(续)

变量	Crste	Scale
HHI	−13. 550 0***	−14. 130 0***
	(1. 248 0)	(1. 193 0)
CYJJ	0. 444 0***	0. 285 0*
	(0. 156 0)	(0. 148 0)
Constant	0. 691 0***	0. 825 0***
	(0. 101 0)	(0. 096 3)
Sigma_u	0. 114 0***	0. 109 0***
	(0. 004 0)	(0. 003 8)
Sigma_e	0. 123 0***	0. 116 0***
	(0. 001 4)	(0. 001 3)
Year	控 制	
City	控 制	
Observations	5 125	5 125
Number of id	712	712
Rho	0. 461 7	0. 467 1
	(0. 018 7)	(0. 018 7)
Wald chi2(40)	891. 330 0	1 040. 840 0
Log likelihood	2 162. 022 4	2 196. 257 1
Prob > Chi2	0	0
LR test	Chibar2(01)= 1 418. 050 0	Chibar2(01)= 1 424. 910 0
	Prob>=Chibar2 = 0	Prob>=Chibar2 = 0

注: *** 表示 $p<0.01$, ** 表示 $p<0.05$, * 表示 $p<0.1$。

第六节 结论与建议

本章基于 2006—2016 年广东省会计师事务所微观层面的财务数据, 运用 DEA-面板 Tobit 二阶段的研究框架以及双重差分法, 探讨政府管制、内部治理对会计师事务所效率的影响, 主要有三个研究发现: 一是政府管制与会计师事务所效率存在显著负相关关系。由于受到政府管制更严, 证券所比非证券所受管制措施实施的影响更大, 效率损失更明显。二是会计师事务所的内部治理对会计师事务所的效率存在显著的正向激励效应。成为合伙人是注册会计师的最终职业目标，适度扩大合伙人的相对规模，能够促进合伙人和注册会计师发挥自主治理功能，从而促进会计师事务所的综合效率与资源配置效率。三是会计师事务所内部治理能够正向调节政府管制所带来的效率损失。研究还发现，相对于有限制，合伙制的组织形式更有利于提升会计师事务所的综合效率和资源配置效率；会计师事务所规模与综合效率和配置效率显著负相关；业务集中度高、过度依赖审计业务的会计师事务所的综合效率与资源配置效率更低；专业化程度越高，会计师事务所的综合效率和配置效率就越高。

从本章的研究结果来看，政府对证券期货市场准入的管制和推动会计师事务所加强内部治理建设的制度规范，甚至是强制证券所采用特殊普通合伙制等制度安排和监管政策，有着不一样的效果。政府对证券期货市场准入的管制，既没有达到做强做大的预期目标（整体效率低；规模大的会计师事务所效率显著低于规模小的会计师事务所；证券所效率显著低于非证券所），又没有达到提升资本市场审计质量的预期目标。2016年下半年以来，综合排名靠前的几个大型证券所因"审计上市公司年度财务报表过程中未勤勉尽责，出具的审计报告存在虚假记载"等原因接连被财政部、证监会处罚，被罚暂停承接新的证券业务半年之久。监管部门的处罚引发众多中国A股上市公司和全国中小企业股份转让系统（简称"新三板"）挂牌企业以及排队等待IPO的企业纷纷更换审计机构，给会计师事务所造成巨大的经济损失和声誉损失，也给整个会计师事务所行业造成巨大不良影响。

因此，从效率的角度我们认为，第一，加强政府管制可能并不是最佳选择，既不能提升审计效率，也难以提升审计质量；但是对于当前小散乱、无序竞争、低价竞争等特征明显的中国会计师事务所行业而言，以加强会计师事务所和注册会计师等行为主体的规范与监管代替市场准入管制，或许是更为有效的选择。通过加强行为主体的过程监管，引导会计师事务所改善内部治理和质量控制体系以及风险防范机制等，加强注册会计师个人执业质量检查和处罚机制等，可能更有助于提升会计师事务所效率和审计服务质量。第二，政府管制不应该是目的，而应该看作促进会计师事务所自身建设、完善内部治理和控制体系的催化剂，实现审计市场监管模式由外部管制驱动向内部治理约束驱动转变，才能减少政府管制和外部监管所带来的效率损失。第三，基于合伙人之间的自主治理动机和注册会计师个人的目标激励，适度扩大合伙人相对规模，改善以股东会（合伙人会议）为核心的内部治理机制，能有效促进会计师事务所的效率。第四，推进会计师事务所向合伙制转制既符合效率要求，又符合当前国际普遍做法。第五，加快 CPA 核心资源聚合，发挥人才聚集效应，提升会计师事务所的专业化程度，有助于提升会计师事务所效率。第六，加快发展新业务，降低审计业务集中度，有利于开发会计师事务所的效率潜能。第七，对于以专业化程度高为特征的会计师事务所行业而言，探讨其效率问题有着非常重要的经济价值和现实意义，按照产业组织理论"结构—行为—绩效"的逻辑框架，效率直接影响会计师事务所行业结构，进而影响会计师事务所主体行为，最终影响会计师事务所行业的审计服务质量。因此，会计师事务所效率将通过某种方式、路径，最终影响社会所关注的审计质量问题。在此，本章也为今后的研究提出了新的问题：会计师事务所的效率（综合效率和配置效率）与审计服务质量到底是什么关系？从不同的理论视角可能有不同的解释，这将是我们进一步研究的方向。

第十一章 科技政策驱动企业创新发展的内生动力机制

企业成长与创新发展是一个复杂的过程，科技政策的外部激励在一定程度上能够弥补企业自主创新过程中的"市场失灵"问题，企业的成长与发展终归需要依赖于企业自身的努力，争取更多的内外部资源投入，改善内部发展环境，构建企业创新发展的内生动力机制，这才是企业获得持久发展的根本动能。为此，结合已有研究，我们围绕对企业成长与创新发展产生重要影响的内部要素机制展开一系列的研究。

第一节 构建企业创新发展内生动力机制的逻辑

要构建企业创新发展的内生动力机制，需要明确的问题是企业的核心能力是什么？企业创新发展首要的核心能力就是科技性，这就意味着企业要具备强大的自主创新能力和高质量的创新产出。根据知识生产函数理论的逻辑，创新产出是资源要素投入的函数（吴延兵，2006），这就意味着要获得强大的自主创新能力和高质量的创新产出，必须依赖于企业持续的自主创新投入。

问题是对企业而言，是否具备持续投入创新资源的能力？或者说哪些创新资源是企业能够持续投入的？从自主创新过程中需要的核心资源投入来看，企业最缺的是研发资金的投入，这是全世界企业创新发展面临的共同问题。在存在严重的融资约束的背景下，企业需要考虑如何持续投入创新资源，或者考虑哪些创新资源能够持续投入的问题。显然，对于少数民族地区的企业而言，相比资金要素的获取成本，人力资本要素的获取成本要小得多；更为重要的是，人力资本的产出弹性非常大，对企业的产出效率影响非常显著。新古典经济学效率理论认为，内部激励机制对经理人和员工的努力程度具有决定性作用，在资源投入既定的前提下，内部激励对企业的产出效率具有决定性影响（Leibenstein，1966）。因此，只要改善和优化内部激励和环境，人力资本的激励效应将极大提升科技型小微企业的创新能力与创新产出。

第二节　企业创新发展的内生动力机制模型

基于企业创新发展的内生动力机制的逻辑，我们认为应从人力资本、组织内部机制两个维度构建企业创新发展的内生动力机制模型。企业创新发展的内生动力机制模型如图 11-1 所示。

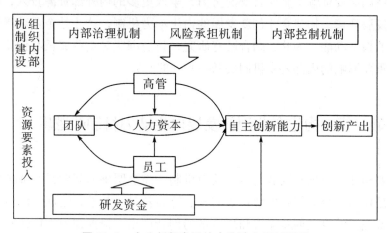

图 11-1　企业创新发展的内生动力机制模型

在图 11-1 的模型中，企业更应该重视人力资本在自主创新过程中的积极作用，创造和激发高管和项目团队以及员工的主观能动性；而且研发资金的投入也应该主要投向人力资本的积累，发展科技型小微企业的人力资本，才能赋予企业持续的创新发展动力。

一、人力资本对企业创新发展的核心驱动影响

资本、劳动力、技术进步是推动经济发展的主要驱动力，特别是对后发展地区而言，劳动力带来的人力资本提升是我国经济长期保持高速发展

的根本驱动力（杜伟 等，2014）。杜伟等（2014）的研究发现，人力资本对经济增长的贡献主要依赖于技术创新和技术模仿等方式作用于微观经济体的创新发展。这一研究结论也得到后来大多数学者的支持（邓飞 等，2020；张楠 等，2020）。对于面临较大融资约束的科技型小微企业而言，人力资本的积累对其创新成长尤为重要。

（一）高管的决定性影响

高阶理论认为，高层管理人员会根据其经验和价值观做出决策及战略选择，进而对组织绩效产生重要影响；同时，高管团队的特征对组织绩效的影响显著大于个体高管的影响（Hambrick，2005）。高阶理论的核心思想认为，高层管理者会对其所面临的组织情境做出高度个性化的诠释和选择，其行为是认知、价值观、经验等个性特征的反映；高层管理者决定着组织战略的形成，也影响着组织中其他成员的行为（Hambrick et al.，1984；陶建宏 等，2013）。企业创新依赖于人，特别是掌握核心知识和智力资本的人。高阶理论认为，人是有限理性的，高层管理者的人口统计特征对其本身的认知模式和行为决策有着重要影响。在企业中，高管是企业创新发展的重要源泉，隐含在高管身上的人力资本和知识资本是企业家能力的源泉（Galbraith，1969）。知识资本是知识、信息、知识产权和经验等可用于创造财富的知识要素（Stewart，1997），包括人力资本、结构资本和顾客资本，对企业创新及绩效有显著影响（Bontis，1998；程惠芳 等，2014）。

企业要不要创新是一个战略选择问题，选择何种创新模式（自主创新、合作创新、联盟协作创新）也是一个战略问题。高管在企业战略选择的决策中扮演着非常重要的角色。研究发现，企业高管的个人特征对企业战略如多元化战略、创新战略、并购战略产生显著影响（Jensen et al.，2004；张学平 等，2020）；CEO任期过长会制约企业战略变革（Boeker，1997）；年轻高管更偏好并购的扩张发展模式，而年长CEO并购成功的概率更高（Gocek，2016）。董事会作为现代公司的决策核心，又是现代公司实施公司治理的核心制度安排，董事会成员的知识资本对企业创新决策及绩效有着重要影响。我们的研究发现，董事会由于其特殊地位具有公司治理效应，其成员个人特征与公司决策具有一定的关系，最终影响公司的业绩。研究发现，董事会成员的任期、学历、年龄、来源于内外部等个人特征与公司的业绩显著正相关，而女性董事成员占比特征与公司业绩呈显著负相关关系；同时发现，董事成员年龄与非效率投资显著负相关；女性董事占比与投资不足和有效投资显著负相关；成员任期与投资不足和有效投资显著正相关；受教育背景与非效率投资显著正相关（江少波，2017；江少波 等，2018）。

（二）项目团队是企业创新成长的中坚力量

项目团队是执行企业战略的重要执行者，项目团队的人力资本对理解、执行企业创新战略有重要影响。创新是企业永恒的话题，尤其在知识经济时代下，企业需要不断通过创新来获得持续的市场竞争优势。团队工作模式由于灵活富有弹性，被企业广泛采用。在实践中，企业不论是产品服务创新、流程创新还是管理创新和制度创新，都需要依靠全体团队成员的创造力。为此，如何提升团队成员创造力是企业需要重视的现实问题，也是值得学术界关注和研究的重要问题。团队领导者作为团队的重要参与者，是团队的中坚枢纽，其领导行为是激发团队成员创造创新潜质的重要因素（张燕 等，2011；石冠峰 等，2014）。研究者对团队领导行为与下属成员创造力进行了探讨，取得了丰硕的理论成果，但仍有进一步探索的空间：第一，目前多数文献引入西方文化背景下兴起的交易型领导（丁琳等，2013）、变革型领导（刘景江 等，2013）、共享式领导（韩宏稳 等，2016）、魅力型领导（张鹏程 等，2011）等领导行为，探讨这些领导行为对团队成员创造力的影响作用。事实上，领导行为镶嵌于不同文化情景，具有不同的内涵。家长式领导作为华人企业组织中普遍存在的一种领导行为，对我国企业组织中团队成员创造力可能有着独特的解释和预测作用（王双龙，2015）。然而，目前聚焦我国文化和组织情景下，探讨家长式领导对团队成员创造力的研究较少，研究家长式领导下不同领导类型组合对团队成员创造力交互影响的文献更为鲜见。第二，随着知识经济的不断演进，企业团队所面临的工作任务愈来愈复杂，所需要的资源愈来愈多元化，仅依靠团队内部的管理活动以及信息资源，已不能保证预期工作任务目标的完成，团队愈来愈需要成员进行跨界活动（刘松博 等，2014）。团队成员跨界活动可以获得创造创新的认知和想法，以及实施这些想法的支持等资源，这些有利于提升其自身创造力（薛慧娟，2010）。但跨界活动可能会使得团队成员承担角色超载的压力以及失败的风险（樊骅 等，2015），领导作为影响下属工作行为的重要情境因素，团队成员是否展开跨界活动会受到团队领导者行为的影响（张华磊 等，2014），因而跨界活动可能在家长式领导与团队成员创造力之间的关系中发挥着中介传导机制。但令人遗憾的是，目前鲜有文献对此进行研究。基于以上研究困境，我们结合我国传统文化的具体情境，以我国多家国有企业为研究样本，检验家长式领导中仁慈领导、德行领导和威权领导三种领导类型对团队成员创造力的直接影响、交互影响和中介机制，探讨国有企业中，团队领导的家长式领导风格对下属员工创造力的影响作用。研究发现，仁慈领导和德行领导对团队成员创造力有显著的正向影响，威权领导对团队成员创造力有显著的负向影响；仁慈领导和威权领导、德行领导和威权领导两组领导组合对团队成员创造力有显著的正向交互影响，仁慈领导和德行领导组合对团队成员创造力有显著的负向交互影响；跨界活动分别在仁慈领导、德行领导和威权领导对团队成员创造力影响中起着中介作用。这些研究结论可以为实践中如何有效发挥家长式领导效能和提升团队成员创造力提供有益启示（韩宏稳 等，2016；韩宏稳，2018）。

（三）知识型员工是企业创新成长的底层基础

知识型员工是科技型企业最为重要的资源。在科技企业中，普通员工大部分都是知识型员工，且承担多重角色；他们可能既是研发人员又是业务销售人员，在企业不同发展阶段或项目不同推进阶段，员工的角色会随之而变化，以适应企业的实际需要。除此之外，知识型员工的个体特征对企业战略目标的实现有重要影响。研究发现，知识型员工的专有资本和职业经验对企业的创新绩效有显著促进作用（Yang et al.，2018）；知识型员工的心理资本和职业成长机会对工作投入具有显著正向影响（郭钟泽 等，2016）；知识型员工参与激励对组织公民行为有显著正向影响，与企业创新绩效存在显著倒"U"形关系（徐鹏 等，2016）。

在商务服务业中，会计师事务所是非常重要的专业服务组织，是典型的轻资产、人力资本密集的行业组织，也因此绝大部分会计师事务所都属于小微企业（可能不属于严格意义的科技型企业，但如按本书界定科技型企业的标准，即是否拥有知识产权，那么，绝大部分会计师事务所都具有知识产权和商标）。已有文献以我国会计师事务所（含广西的会计师事务所）为研究对象，基于共情理论和性别角色社会化理论的分析框架，检验签字审计师的性别特征与审计质量之间的关系，探索审计师的个人特征对审计质量等组织绩效的影响。研究发现，签字审计师的审计质量存在显著的性别差异，且这种差异并不像现有大多数文献所描述的女性审计师的审计质量更高，而是男性审计师所提供的审计质量更高。进一步区分操控应计的正负方向后发现，当面对审计风险较高的、客户向上调整盈余的情况时，女性审计师和男性审计师的审计质量是一致的，导致他们的审计质量不存在显著的性别差异。而当客户向下调整盈余时，审计师的审计质量却表现出显著的性别差异，且女性审计师的审计质量显著低于男性审计师。进一步区分审计师的年龄和职位后发现，与共情理论和性别角色社会化理论所预期的一样，当审计师的年龄超过45岁或者职位达到经理及以上时，审计师的审计质量的性别差异显著缩小甚至消失（Yang et al.，2018）。女性审计师在会计师事务所经营层面的经营效率和业务操作层面的执行效率效果都显著优于男性审计师。进一步研究发现，审计师的职位越高、从业经验越丰富，审计师对会计师事务所的经营效率贡献越大；而在内控机制和风险保障机制较弱的会计师事务所以及以谨慎性为风险导向的会计师事务所中，会计师事务所效率存在显著的性别差异，且女性审计师更有效率。

综上分析，对科技企业而言，科技企业在选聘高管过程中要充分考虑高管和项目团队成员以及员工的受教育背景、年龄、工作年限、职业背景，使之与企业的创新战略和发展策略相适应。

人力资本影响企业行为及绩效的作用机制见图 11-2。

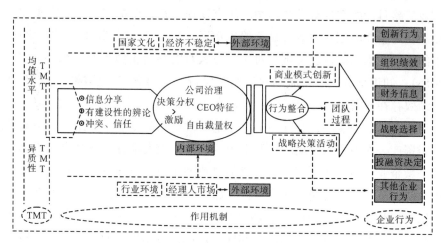

图 11-2　人力资本影响企业行为及绩效的作用机制

二、组织内部机制对企业创新成长的决定性影响

企业要不要技术创新、投入多少资源用于技术创新、以何种模式进行技术创新等问题，归结起来是一个战略选择问题，如何应对和处理这些问题取决于企业经理层，特别是取决于企业的高管。由于创新所特有的高风险性和高不确定性，在企业资源有限的情况下，基于短期业绩压力和个人私利，作为理性经济人的高管缺乏开展技术创新或增加创新投入的动力，即使面对科技政策能够增加企业创新资源的外部诱惑，理性的高管对此诱惑也不会有很大的响应，除非科技政策能给高管带来足够的收益，以弥补增加创新投入带来的高风险和潜在损失（徐悦 等，2018）。因此，如果高管对技术创新不积极，甚至抵触技术创新，那么，科技政策对企业创新的正向激励效应也就无法实现。换句话说，高管对科技政策的感知和响应程度将决定科技政策对企业创新正向激励效应的实现程度，这也是科技政策在不同企业中存在激励效应差异的内在原因之一。遗憾的是，已有文献几乎没有从内部激励的视角去探讨科技政策激励企业创新的路径机制，导致人们对科技政策为什么有效或无效缺乏深刻认识。同时，由于科技型小微企业中大部分员工都是具有专用资本的知识型人员，知识型员工进行知识生产、技术创新活动具有极强的不确定性和不可识别性，由此导致企业对员工的知识生产和技术创新过程难以控制，从而带来严重的信息不对称和知识型员工的道德风险问题，这将极大地浪费科技型小微企业的创新资源，极大地降低科技型小微企业的创新产出。因此，如何设计和改善企业内部激励机制，成为当前欠发达地区的科技型小微企业创新发展面临的最大的内生动力问题。

在两权分离的现代企业中，委托代理问题一直是理论界和实务界共同关心的核心问题，内部治理机制和激励机制则是解决委托代理问题最主要、最核心的组织机制。企业创新是一个持续的过程，目的是企业实现可持续发展；而公司治理恰好是保证企业可持续发展的制度安排，良好的公司治理既是企业从事持久的技术创新的长效机制（冯根福 等，2008；鲁桐等，2014），也是取得好的企业绩效的重要制度保证（杨典，2013）。基于制度经济学的理论逻辑，组织内部制度安排的选择直接影响内部相关利益者的利益分配和委托代理关系中委托契约的执行，从而影响组织的生产效率和资源配置效率（Lin et al.，2010）。从治理理论的视角来看，内部治理

能有效缓解相关利益者的利益冲突和代理冲突，对提升组织内部效率有重要作用（Appuhami et al., 2015；Billett et al., 2011）。而从管制经济学的视角来看，内部控制（管制）通过对组织任务及个人行为的限制影响组织的效率（Cheng et al., 2013；方红星 等，2013；李万福 等，2011）。

会计师事务所作为特殊的专业服务组织，是我国知识型企业的典型代表，在国家经济建设中承担着"经济警察"的角色和功能。我们依托会计师事务所这一典型的知识型小微企业的独特场景，探索风险承担、内部治理、内部控制等制度机制对组织效率的影响。研究发现，合伙制的组织形式更有效率；以合伙人相对规模为核心的内部治理机制与会计师事务所效率显著正相关；而以风险控制为导向的内部控制与会计师事务所效率显著负相关。研究证据表明，监管部门支持和引导会计师事务所向合伙制转型，加强内部治理建设，既符合会计师事务所提升效率的内在要求，又符合建设高效的多层次资本市场的外在需求。同时，以强化会计师事务所风险控制为导向的外部监管，可能会降低会计师事务所的效率，这一实证证据为监管部门治理审计市场提供了有益参考。进一步研究薪酬激励机制对会计师事务所效率的影响发现，薪酬差距与会计师事务所业绩显著负相关，且这种负相关关系在规模小、总部在省内的会计师事务所更加明显，在合伙人（股东）平均薪酬和薪酬差距水平较高时表现更为明显。这些证据表明，薪酬差距对经理层存在负向激励作用，薪酬差距扩大不利于提升会计师事务所的业绩水平，符合社会比较理论的预期。研究还发现，随着内部薪酬差距扩大，会计师事务所的综合效率与资源配置效率显著提升，表明薪酬差距对会计师事务所的经济效益和经营效率起主导作用的合伙人（股东）存在正向激励作用。进一步研究发现，会计师事务所效率的提升反而降低了会计师事务所的业绩水平；合伙人（股东）的自主治理对薪酬差距有重要影响。

第十二章 科技政策驱动企业创新发展的外生动力机制

——基于外部组织模式的视角

大企业的创新更多依赖内部因素，而小企业的创新则更多依赖外部因素，这已经成为学界的共识。企业技术创新是一个长期而系统的过程，它既是企业自身创新的内在要求，又是企业价值链创新的现实需要；它不仅需要高昂的投入，还涉及与其他创新主体的相互关系。企业的技术创新面临两个问题：一是采用何种研发组织模式；二是在既定的组织模式下如何研发。目前，中国企业更注重的是后者，如增加资金投入、吸引和培养人才以及引进国际先进技术等。我们不否认，这些因素对于提高中国企业技术创新水平有着一定的作用，但要强调的是，选择何种技术创新的外部组织模式也是十分重要的，甚至可能比技术研发本身更重要；能否选择有效的研发组织模式，将直接关系到企业的技术创新能否获取最大的潜力以及能否获得技术创新的持续性。但多数企业普遍忽视了这一问题，即选择何种技术创新外部组织模式以实现有效的技术创新，技术创新外部组织模式选择决策中应考虑哪些因素，以及在不同发展阶段下企业技术创新外部组织模式的战略选择，本章则重点研究这一问题。

第一节 文献综述

一、关于企业外部组织模式

组织模式是一个组织处理组织内外部各种关系的结构形式，一般分为外部组织模式和内部组织模式。企业技术创新外部组织模式是企业处理技术创新主体及其关系的一种结构形式，它一般有独立创新和合作创新两种形式。其中，前者是指企业不依靠外部力量，单纯依靠自身创新资源的技术创新组织模式；后者是指企业与供应商、零售商、大学研究机构、公共研究机构和政府相关部门甚至竞争对手进行合作，借助创新资源的互补以提高技术创新绩效的技术创新外部组织模式。在短期内，产业整体技术创新水平是难以通过单个企业的技术创新来迅速提升的；在长期内，产业技术创新要求有更先进和更多样化的研发平台支持，这就需要企业充分重视技术创新组织模式的设计和战略选择。因此，技术创新外部组织模式的选择是提高企业技术创新绩效的关键因素。

独立创新又称为一元模式（钟荣丙，2010），是指参与技术创新的企业主体只有一个，虽然只有一个企业参加实际的技术创新活动，但这种组织模式的创新形式却不是唯一的，它包括：一是自主创新，包括原始创新、集成创新、引进消化吸收再创新三种自主创新路径；二是购买技术；三是直接并购。这些创新形式能在一元模式下实现技术创新，能帮助企业在不同阶段获得最具效用的创新价值。合作创新又分为二元模式和多元模式。二元模式是指企业为了克服研发中的高额投入和不确定性，而与另一个组织主体进行合作，合作的方式多种多样，既可以以资金、人才、成果入股形式合作，也可以技术供应与推广、技术中介进行合作等；其中，联合建立技术研究机构是最常见的形式。多元模式是指企业与其他两个或两个以上主体进行合作创新。目前，多元模式有技术转让、委托研究、联合公关、内部一体化、共建科研基地、组建研发实体、人才联合培养与人才交流、产学研合作、产业技术联盟等多种形式①。

二、关于技术创新与外部组织模式的关系

中国的大部分企业在发展的初期几乎是毫无例外地走"引进—吸收—模仿—再创新"的技术发展道路，这跟中国的特殊环境和背景有关。当前所流行的产业集群②则是产业技术创新的新的空间模式，对个体企业来讲，

---

① 王文岩，孙福全，申强. 产学研合作模式的分类、特征及选择 [J]. 中国科技论坛，2008（5）：37.

② 产业集群是指集中于一定区域内特定产业的众多具有分工合作关系的不同规模等级的企业与其发展有关的各种机构、组织等行为主体，通过纵横交错的网络关系紧密联系在一起的空间积聚体，代表着介于市场和等级制之间的一种新的空间经济组织形式（波特，1990）。

这也是一种有效的技术创新外部组织模式。在这种模式下，企业通过与企业、与其他创新主体的合作，加快了新技术在不同组织之间的转移，能迅速提高企业和产业的技术水平与技术革新能力，进而提升社会整体技术水平。由此看来，在企业技术创新过程中采取科学合理的外部组织模式，既是企业自身创新发展的内在要求，又是产业及社会技术进步的直接推动力。

三、关于外部组织模式选择和构建

在现有关于技术创新外部组织模式的研究成果中，有不少学者从模型构建的角度对外部组织模式如何促进企业技术创新进行了深入研究。下面简单介绍两种有代表性的模型：理论模型和实证探索。

（一）理论模型

关于企业技术创新外部组织模式的选择，在理论方面存在两类代表性的模型：一类是确定性的合作技术创新模型，以 AJ 模型和 KMZ 模型为代表；另一类是动态不确定性的技术创新组织模式选择模型。AJ 模型是 Spremont 和 Jacquem（1988）提出的两阶段双寡头技术研发模式选择模型的简称；KMZ 模型是 Kamien（1992）等人在 AJ 模型的基础上建立的技术研发投入溢出模型的简称。这两个模型都指出了独立的技术研发组织模式将不能提供充分的成本节约型的技术创新，但却是理性企业的选择。因此，他们认为，政府促进企业之间的技术创新合作的政策，对企业个体降低技术创新成本、提高技术创新绩效有显著作用。动态不确定性的技术创新组织模型是基于技术创新存在不确定性风险、由 Martin（2001）提出的技术创新外部组织模式选择模型。该模型指出，企业独立研发所产生的价值可能大于企业合作研发所产生的价值，因此不能指望企业会自愿组成技术研发合作实体；政府想促进技术溢出效应发生，需要在界定技术产出和收益分配以及专利保护方面做出规范、引导。

（二）实证探索

在技术创新外部组织模式选择的实证探索方面，前人做出了以下三个方面的努力：

一是从技术溢出效应对企业技术创新外部组织模式选择的决策影响进行研究。Miyata（1996）和 Hagedoorn（1995）的实证研究结果表明：在专利保护不力的地方，企业独立投入基础性技术研发的积极性不高，而合作研发组织模式受到企业青睐。

二是对开放条件下企业合作技术创新的研究。合作创新促进技术扩散，技术扩散提高产业整体技术水平的同时，也导致技术同质化倾向，给企业运营带来竞争风险。同时，合作创新会降低某一企业对技术研发过程的控制和预期收益，且还要防范合作伙伴在研发过程中的机会主义风险①。为此，张钢（2010）等运用"模块性理论"，将技术合作创新过程中的外部组织形式内化为对内部组织形式的改进，降低"创新悖论"的可能，构建了科技型企业开放合作条件下的技术创新组织模式。

三是从产业协同创新的角度进行的研究。产业的发展依赖企业整体的发展，同时又反作用于企业个体的发展，这就要求企业之间的技术创新要进入协同创新模式，才能更好地分享产业做大的好处。产学研合作、产业技术创新联盟就是新的产业协同创新模式。产业技术创新战略联盟是产学研合作模式的一种形式，是以企业为主体，通过产学研联盟成员的优势互补和协同创新形成的一种长效、稳定的利益共同体，并通过契约关系建立共同投入、联合开发、利益共享、风险共担的机制（见图12-1）。Caldeira（2003）以及李学勇和赵志泉（2009）等人对产业技术联盟的合作形式、主体功能分工、保障机制等进行深入探讨。

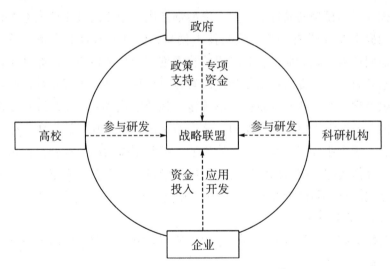

图12-1　产业技术创新联盟模型②

---

①　希林. 技术创新的战略管理 [M]. 谢伟，王毅，译. 北京：清华大学出版社，2005：123.

②　龚红，李燕萍. 产业技术创新战略联盟研究综述及其最新进展 [J]. 中国科技产业，2010，7（7）：50.

通过以上文献梳理发现，对于企业技术创新过程中选择何种外部组织模式，有人赞同独立研发的一元模式，有人推崇二元或多元的合作模式，都有一定的道理。但是，在企业技术创新不同阶段的动态过程，如何选择适合自己的外部组织模式，似乎研究贡献尚不多。这就是我们研究努力的方向。

第二节　科技型企业技术创新外部组织模式动态选择模型分析

现有对企业技术创新的外部组织模式选择的研究一般是基于技术的同质化、静态环境的前提，而现实中关联技术、技术差异化等合作创新是普遍存在的。因此，一个动态的、技术差异化的外部组织模式的选择决策研究更具有现实意义。

一、模型构建及分析

（一）理论假设

动态、技术差异化条件下的技术创新外部组织模式选择模型，是基于不同科技型企业对技术创新有不一样的需求量为前提的，假设两个企业选择合作创新的组织模式，两个企业对技术创新的需求量（产量）和创新资源投入量（一般指 R&D 投入量）是不尽相同的，即既是不确定的又是动态选择的；当两个企业选择独立创新时，同样存在这种情况。企业在技术创新外部组织模式的选择最终将依据不同模式下技术投入成本与收益的对比来做出理性选择。

（二）模型函数的构建

动态的外部组织模式选择模型可以从以下三个方面构建：

1. 产品技术差异化

当两个企业产品技术同质化时，为在竞争中胜出，它们对技术创新需求和投入是一样的，可以用需求函数 $Q = f(P) = A + BP$ 来表示。当两个企业产业存在差异时，从技术成果的占有或收益分配决定技术的需求来理解，可以用反需求函数 $P = A - B(Q_i + mQ_j)$ 来表示。其中，A，$B > 0$；$Q = Q_1 + Q_2$；$-1 \leq m \leq 1$。当 $-1 \leq m \leq 0$ 时，两个企业的产品存在互补性；当 $m =$

0 时，两个企业的产品是完全差异化的；当 $0<m<1$ 时，两个企业的产品存在替代性；当 $m=1$ 时，两个企业的产品存在完全同质化。

2. 动态的外部效应

动态的外部效应主要表现为溢出效应，它是影响企业技术创新投入的重要因素。假设技术溢出参数 $\beta \in [0, 1]$，在没有技术研发投入时，企业的成本函数可用 $C_i = Aq_i$ 表示；当有技术研发投入时，成本函数为 $C_i = (q_i, \chi_i, \chi_j) = (A - \chi_i - \beta\chi_j) q_i$。

3. 技术创新收益函数

随着技术研发投入的增加，边际收益递减是公认的规律，因此技术创新的收益函数可以表示为 $f_i (\chi_i) = \frac{1}{2}\gamma x_i^2$。

（三）动态、差异化下的技术创新外部组织模式选择

通过对上面三个函数进行整合，求出不同组织模式下企业对技术创新需求和投入的均衡解，推导出企业的理性选择。

1. 独立创新的模式

这种模式下，均衡时每个企业的技术产出和收益均相等，分别为[①]

$$q_i^n = \frac{\gamma(a - A)(4 - m^2)}{b\gamma (2 + m)^2(2 - m) - 2(2 - m\beta)(1 + \beta)}$$

$$\pi_i^n = \frac{\gamma(a - A)^2[b\gamma(4 - m^2)^2 - 2(2 - m\beta)^2]}{b\gamma (2 + m)^2(2 - m) - 2(2 - m\beta)(1 + \beta)^2}$$

2. 合作创新模式

通过合作机制，企业之间相互协调创新资源的投入量，实现收益的最大化。均衡时每个企业的技术产出和收益均相等，分别为

$$q_i^c = \frac{\gamma(a - A)(2 + m)}{b\gamma (2 + m)^2 - 2(1 + \beta)^2}$$

$$\pi_i^c = \frac{\gamma(a - A)^2}{b\gamma (2 + m)^2 - 2(1 + \beta)^2}$$

二、影响企业技术创新外部组织模式选择的因素分析

在影响企业技术创新的外部组织模式的选择的因素中，技术外部效应（β）和产品技术差异化程度（m）是影响企业技术创新外部组织模式的重

---

① 相关推导过程因过于庞杂，在正文中省去，下文亦然。

要参数。通过以上对独立创新和合作创新的对比，可以计算出：

当 $\dfrac{\beta}{m} < \dfrac{1}{2}$ 时，$q_i{}^n > q_i{}^c$、$\pi_i{}^n > \pi_i{}^c$；

当 $\dfrac{\beta}{m} = \dfrac{1}{2}$ 时，$q_i{}^n = q_i{}^c$、$\pi_i{}^n = \pi_i{}^c$；

当 $\dfrac{\beta}{m} > \dfrac{1}{2}$ 时，$q_i{}^n < q_i{}^c$、$\pi_i{}^n < \pi_i{}^c$。

（一）外部性程度对技术创新外部组织模式选择的影响

假设 m 为常数时，当技术创新溢出效应较大时，合作创新能带来更多的技术产出和收益，合作技术创新是企业的理性选择。由于山寨、盗版等行为，技术创新存在较强的溢出效应，因此企业能以较低的成本享用其他企业的技术成果，降低技术创新高投入的风险。合作创新更是企业选择的必然趋势。

（二）产品技术差异化程度对技术创新外部组织模式选择的影响

假设 β 为常数时，当产品技术差异性较大时，合作创新能带来更多的技术产出和收益，合作技术创新是企业的理性选择。现实数据进一步印证了这个结论，无论是在中国还是某些发达国家，企业一半左右的技术研发来源于企业外部或与外部进行合作创新的结果。当然，这种合作创新很少在同质化非常明显的企业之间发生。

（三）外部性、差异性对技术创新外部组织模式的动态影响

从动态发展角度来看，国家法律制度会不断完善规范，对技术成果的保护会不断加强，技术创新的溢出效应（β）会不断减少趋于 0 的状态，变化趋势可以用一条背向圆心、向右下方倾斜的曲线来表示。根据产业发展规律和技术发展规律的认识，企业之间产品技术产业化程度会越来越小，同质化会越来越明显，导致的结果就是企业之间的兼并收购以及产业链的分化与延伸。因此，技术创新的差异化（m）可以用一条内向圆心、向右下方倾斜的曲线来表示。由 β、m 这两条曲线就构成了外部性、差异性对技术创新外部组织模式选择的动态模型（见图 12-2）。

如图 12-2 所示，Ⅰ区域表示产品技术外部性的减少速度快于产品差异化的程度，说明技术保护环境随着法制环境改善而得到迅速改善。但技术的研发是一个漫长的过程，创新相对缓慢，从收益最大化的角度考虑，企业可能更愿意选择独立创新的组织模式。显然，这与当前中国科技型中小企业技术创新的现状相吻合，同样体现了科技型中小企业技术创新的起步阶段的基本特征。

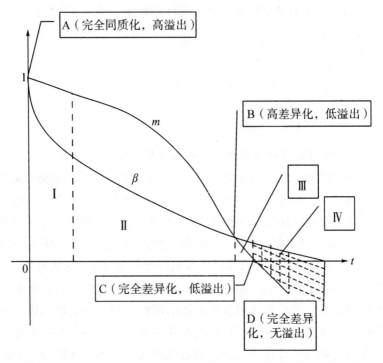

图 12-2 外部性、差异性对技术创新外部组织模式选择的动态模型

Ⅱ区域表示产品技术外部性的减少速度慢于产品差异化的程度，说明市场对法制环境完善程度形成明确的判断后，市场中的机会主义者逐渐适应这种环境并能以新的形式低成本获得技术创新的好处；同时，企业之间的合作也更加规范。为降低技术研发高成本和高风险，且随着产业技术的差异化竞争不断趋同，此时企业可能更倾向于选择合作创新的外部组织模式。这既是企业之间相互竞争的内在需要，又是产业发展的一种趋势，是为行业领先进一步整合产业链做好准备的一种需要。这与当前世界范围内的通信、网联网等行业的发展特征比较相似。

Ⅲ区域技术外部性的减少速度慢于产品差异化的程度，说明技术创新进入高度差异化程度和低溢出效应阶段后，在同类技术的研发中企业已经很难找到合适的合作者或者说企业已经具备足够实力独自承担技术创新所需要的人力、财力等创新资源投入。此时，企业可能更倾向于选择独立创新的组织模式。这与当前很多行业龙头企业的做法比较相似。当然，选择独立创新应该更多理解为是在体现差异化程度高的关键技术或核心技术领域，在其他领域可能也会选择合作创新。

Ⅳ区域表示两个企业之间的产品技术已经是完全差异化，不存在技术上的相似性，但存在技术上的互补性。此时，企业之间可能倾向于选择合作创新，且这种合作是互补品技术之间的合作。现实中很多企业为它的供应商提出供货的技术标准，并参与供应商的技术研发的做法，就是这个区域所表现出来的特征。

第三节　促进科技型中小企业技术创新的战略选择

虽然理论上的分析清楚地告诉我们，企业之间技术创新的外部组织模式选择受技术创新外部性和差异化程度的影响，但实践中我们比较难以把握的是 m 和 β 的具体数值，以至于在到底是独立创新还是合作创新的选择区间的把握上有很大差异。可以确定的是，企业所处的发展阶段是企业做出技术创新外部组织模式选择的重要影响因素，且企业所处的发展阶段是可以比较准确地判断的。一般认为，企业不同发展阶段所面临的内外部环境是不一样的，企业的技术发展战略在不同阶段也应有所不同。因此，我们还需要从企业技术创新的不同阶段应选择何种外部组织模式的战略层面讨论，加深对科技型中小企业如何选择技术创新外部组织模式的理解。

一、种子期的企业采取"合伙"战略

对技术研发处于种子期的科技型中小企业来讲，目标只有一个：使该技术存活下来。如果技术成果不能在市场上应用，那它就是死的技术，要保持技术活下去就必须对其进行产业化。有关统计表明，世界上只有10%左右的技术成果最终进入产业化阶段，在这10%当中只有20%左右获得成功，剩下的处于勉强维持、半死不活和失败的状态。对于资金少、融资环境差、市场发育晚、环境配套差的地区，处于种子期的科技型中小企业要进行技术产业化更是难上加难。"合伙"战略是指技术成果拥有人以技术成果为基础，寻求有资金投入或有运营管理和市场营销能力的人一起组建合伙制公司，以实施技术成果产业化为目的，确保技术创新有坚实的经济基础。对于风险投资产业相对不太成熟的中国，"合伙"战略可以为众多种子期科技企业获得产业化启动资金，同时引入专业管理及营销人才，可以解决技术人员做管理和市场的致命短板，应该是大部分种子期科技企业

最佳的生存和发展路径。目前，在种子期技术储备最多的北京中关村，"合伙"战略是科技型中小企业最常采用的战略之一。

二、初创期和成长期的企业采取"依附"战略

进入初创期和成长期的科技企业虽然已经在市场中找到立足之地，有了一定的经济实力和市场地位，但相对于行业龙头企业来讲，初创期和成长期的企业自身实力和竞争力还是相当弱的，如果应对市场变化的能力不强的话，很容易被龙头企业洗牌出局。据有关研究，我国科技型中小企业缺乏正确的外部组织战略和策略，是造成其平均寿命只有5年左右的重要原因之一。因此，这个阶段适合采取"依附"战略。"依附"战略是指初创期和成长期的科技企业要认清自身定位，正视自身劣势，争取加入行业技术联盟，依附行业龙头企业，以获得与行业同步发展的机会。"依附"战略最大的好处在于能从龙头企业中掌握最新的技术动向，紧跟技术发展趋势，确保自身技术创新的方向符合大众市场的需求，同时还可以学习龙头企业的技术管理和技术规划等方面的经验。

三、稳定期的企业采取"共生"战略

"共生"战略的思路来源于生物学中的共生现象。"合伙"战略和"依附"战略是科技型中小企业在技术创新价值实现中赢得生存的有力保障，而"共生"战略是科技型中小企业在实现技术创新过程中与同行加强横向合作和良性竞争的良策。"共生"战略是指科技型中小企业在实现技术创新过程中在优势互补、平等自愿的基础上，加强合作、共担风险、共享利益。技术创新中的"共生"战略常用的组织模式有：共同申报科技攻关项目、组建技术联盟、技术外包或承接技术外包、技术特许和授权等。

四、蜕变期的企业采取"整合"战略

企业经过一定时期的稳定发展后，下一阶段就应把战略目标放在巩固或调整行业龙头企业的地位，并带领同行做大做强产业链。从技术创新的角度来看，这时候企业的战略思想应该是放眼未来，思考用自身技术优势引领整个产业的发展，顺应整个产业的发展规律和发展趋势，进行纵向整合是明智的选择。一个企业要持续在产业链的某一个节点上获得长久持续的技术优势和竞争利益是很难的，在确保自身技术成为产业发展潮流中的

引领者的基础上，还需要用这种技术潮流去引领上游产业链和下游产业链的技术发展，产出技术溢出效应，携手竞争对手一起把整个产业链做大做强，才能获得更多、更持续的利益。要想获得技术溢出效应的好处，作为这个阶段的科技型中小企业就要主动进入产业链上游和产业链下游的关键技术环节，进行相近产业链技术创新的整合，为日后的整个产业链的整合奠定基础。

第十三章　科技政策驱动企业创新发展的保障机制

企业创新具有很强的不确定性和高风险性，由此容易导致企业对创新投入和创新活动缺乏积极性。尽管内生动力机制能够给予企业很大的创新动力，但股东在风险面前、经理层在业绩考核面前以及员工在绩效回报面前，这些内生动力机制也显得苍白无力。因此，为推动科技型小微企业特别是像广西这样的欠发达地区的科技型小微企业加强自主创新投入、提升创新能力和创新产出，仅依赖于构建内生动力机制是不够的，还需要从加强政府对企业创新的监管、改进科技政策的不确定性和优化金融发展环境以及协调供应链合作创新等方面，构建科技政策助推欠发达地区科技型小微企业创新成长的外生保障机制。

第一节　构建企业创新发展保障机制的逻辑

企业自主创新过程中出现"市场失灵"的原因，首先是因为创新活动具有高不确定性和高风险性，降低了股东利益最大化目标实现的可能性，因此需要政府"扶持之手"进行干预和弥补股东的风险收益。其次是因为创新资源的有限性，创新投入会挤压经理人投资于实现短期业绩目标所需要的经济资源，降低了经理人利益最大化目标实现的可能性，因此也需要政府"扶持之手"的干预和企业内部激励的风险补偿。再次是因为创新产出具有正的外部性，创新成果将横向溢出至同行和纵向溢出至上游供应链与下游渠道链，容易导致同行竞争对手和上下游供应链、渠道链"搭便车"的机会主义行为，因此需要政府加强对知识产权的保护与同行企业之间的协同创新以及上下游供应链、渠道链之间的创新协作，以实现保护创新主体的创新收益和分摊创新主体的创新溢出风险。最后是因为创新过程是一个复杂的协作系统和资源整合系统，需要全社会的理解和支持，宽容创新失败，支持创新探索。

第二节　企业创新发展的保障机制模型

基于前面的分析我们认为，构建科技政策助推企业创新发展的保障机制至少应包含政府科技政策的支持和对创新过程的监管、上游供应链和下游渠道链的创新协作、社会大众的支持等要素，由此构建企业创新发展的保障机制模型（见图 13-1）。

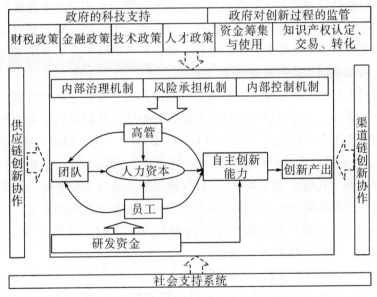

图 13-1　科技政策驱动企业创新发展的保障机制模型

一、政府科技政策的支持体系

正如前文所述，企业创新需要政府科技政策"扶持之手"的支持，是因为创新活动具有高不确定性和高风险性，降低了股东利益最大化目标实现的可能性；同时，由于创新资源的有限性，创新投入会挤压经理人投资于实现短期业绩目标所需要的经济资源，降低了经理人利益最大化目标实现的可能性。科技政策作为提升企业创新能力的重要政策工具之一，在世界各国企业创新实践中取得了显著成效，这种有效性也得到了大部分学者研究证据的支持（江静，2011；李万福 等，2016；杨世信 等，2020）。

二、政府对企业创新活动的监管

企业创新过程中之所以需要加强政府监管，首先是因为企业在面对政府各种科技政策"扶持之手"的激励面前存在机会主义行为。黎文靖和郑漫妮（2016）的研究发现，政府产业政策的"扶持之手"激励企业创新追求的是创新数量而非创新质量，这种策略性创新在国有企业和非高新技术企业中更加明显，对于仅拥有知识产权的科技型小微企业而言，这种机会主义行为倾向将更为严重。其次是因为政府支持企业创新的财政补贴、贷款贴息等扶持政策所使用的资金均为公共财政资金，为防止企业滥用、错用公共资金和政府公职人员违规操作、寻租等行为，加强对公共财政资金的监管是履行公共财政资金受托责任、确保公共财政资金有效配置的必然之举。再次是因为政府科技政策"扶持之手"为企业带来的增量创新资源，有可能挤出企业自身存量的创新资源的投入，导致企业总的创新资源投入并未增加，还有可能减少总的创新资源投入，从而抑制企业的自主创新能力和产出水平的提升（Michael et al., 2009；王俊，2010；李苗苗 等，2014）。最后是因为政府科技政策"扶持之手"激励企业自主创新的有效性具有边界（杨瑞龙 等，2019），科技政策对企业自主创新的正向激励效应只有在一定范围内成立，超过一定范围将引发企业的机会主义，从而导致科技政策的无效甚至适得其反（冯海红 等，2015；黎文靖 等，2016；李万福 等，2017；周燕 等，2019）。

我国一向强外部管制、弱内部治理。以会计师事务所这一典型知识型（科技型）小微企业行业为例，不仅受到其行政主管部门——财政部及其委托管理机构——中注协的行政管制，还受到证券期货业务的主管部门——证监会严厉的业务监管，同时还受到来自社会舆论和相关利益者的监督。相比非证券所而言，证券所面临更严厉的政府管制和监管。近年来，得益于中国经济特别是资本市场的持续高速发展，中国会计师事务所行业始终保持快速发展态势；但是，中国会计师事务所行业的技术效率和资源配置效率水平还很低（许汉友 等，2008；邱吉福 等，2012）。提升会计师事务所行业的技术效率和配置效率，不仅关系到会计师事务所行业的健康发展，还关系到国家经济的发展质量和经济安全。本书基于会计师事务所是典型的知识型（科技型）小微企业的界定，利用广西200多家会计师事务所财务报表数据，在全球不断加强审计市场的管制与监管的背景下，探讨政府管制对会计师事务所自主效率的影响。研究发现，当前广西会计师事务所的综合效率和资源配置效率并不高；政府管制显著降低了会计师事务所的组织效率；政府加强对会计师事务所进入证券期货业务市场的管制，显著降低了证券所的效率。

三、上游供应链对企业创新成长的影响

为缓解技术创新的高风险性，跨组织之间的合作成为一种必要的选择。基于知识共享和利益共享的程度，在供应链上的跨组织进行合作创新的可能性更高（徐可 等，2018）。广义上的供应链包括上游的供应商以及下游的渠道商和消费者；狭义的供应链则是指上游的供应商。企业在新产品开发和技术创新过程中越来越依赖于供应链资源的支持与协同，跨组织的创新协助也是分摊企业创新风险重要的创新模式。在创新资源极为有限的科技型小微企业创新过程中，培育和构建良好的供应链网络，有助于企业优化创新资源配置，提升创新绩效（李柏洲 等，2020；王勇 等，2020）。企业与上游供应商的利益共享和知识共享程度更高，合作创新的可能性更大，也正因如此，现有文献的研究大部分是基于与上游供应商之间跨组织合作创新的。相关研究表明，供应链关系质量对企业创新价值链的提升具有显著正向影响（徐可 等，2015）；而供应链金融是解决企业创新资源不足、债务融资困难的有效途径（曹允春 等，2020）。对科技型小微企业而言，在供应链网络中企业与供应链之间的强连接和弱连接对于提高其能力和融资绩效具有重要作用，特别是弱连接更利于供应链融资的实现。从能力要求来看，科技型小微企业要实现良好供应链融资，或者需要具有较强的供应链整合能力，或者需要具有很好的创新能力（宋华 等，2017）。

因此，对于科技企业来说，增加自身的自主创新投入和自主创新能力，不仅能够获得持续发展的内在动力，还能够在供应链网络中吸引更多创新资源的支持，从而夯实自身的发展基础与成长性。

四、下游渠道链对企业创新成长的影响

下游渠道链对企业实现创新价值具有举足轻重的作用，遗憾的是，已有文献极少关注企业与下游供应链之间的跨组织合作创新。我们从产品渠道相容、零售商公平感知和风险规避需求的视角探索供应商渠道对企业创新存在的动态博弈影响。基于产品的网络渠道相容性特征和零售商创新投入对供应链各方定价和利润的影响研究发现，尽管双渠道供应商扩大了企业的市场需求，但并不能增进零售商与供应链整体的效益，而最终影响制造商双渠道策略的可持续性；制造商通过提升批发价，将提高供应链整体的利润，而基于 Bertrand 博弈，零售商将采取供应链最优创新投入力度，将进一步提高供应链整体利润，从而实现整体供应链合作创新绩效最优。基于混合渠道的存在，传统零售商公平感知对企业及供应链整体的创新投入存在影响。研究发现，在零售商创新投入"套牢"的情况下，供应商将基于两渠道潜在需求份额、渠道需求转移系数、零售商的创新投入与公平感知等情况，采用两个不同的策略，从而诱发供应商与零售商不同的创新投入决策行为和不同的创新绩效产出。作为理性的"经济人"，渠道商和供应商都存在厌恶风险偏好，基于不同的风险厌恶程度，渠道商和供应商都存在降低零售价以降低风险，而这一"囚徒困境"博弈将不利于可持续的创新投入和创新绩效产出最优，因此并非共赢的选择。

进一步将渠道商延伸到终端的消费者层面，消费者与其供应商（企业）存在此消彼长的利益冲突，消费者具有搭便车的倾向。基于消费者搭便车行为倾向下消费者行为对渠道商和供应商的创新投入影响的研究发现，制造商和零售商偏好不同的供应链结构；当存在顾客搭便车时，制造商利润及创新投入力度、零售商双渠道利润及零售渠道服务水平等均受搭便车者得到的服务折扣的影响；在零售商渠道整合的情况下，零售商渠道区别定价将使整个供应链受益。

五、社会支持系统

创新不仅是企业自己的事，更是国家、社会的事。我国近代史的发展经验告诉我们，缺少创新的国家和社会必然导致经济落后和文明愚昧，因此企业创新应该得到全社会的重视和支持。构建支持企业创新的社会支持系统应该包括以下三个方面：

一是社会资本的参与和支持。资源依赖和路径依赖一直以来都是企业创新过程中难以跨越的瓶颈，特别是对欠发达地区中的广西科技型小微企业而言，资源依赖与路径依赖更为严重（邵帅 等，2013）；而加快社会资本的积累是破解企业创新过程中资源依赖和路径依赖的有效方法（严成樑，2012）。研究表明，社会资本加速积累将引导更多劳动力流向技术创新部门，弱化资源开发对技术创新的挤出效应，切断"资源诅咒"的传导途径，社会资本与技术创新因此一并成为打破"资源诅咒"的门槛（万建香 等，2016）。

二是社会大众的参与和支持。近年来，在国家倡导"大众创业、万众创新"战略引领下，大众参与创业创新的良好氛围已基本形成，在社会舆论、人力资本和资金供给方面对科技型小微企业的创新成长提供有力支持。但是，受国际经济不确定性环境和社会重大疫情的影响，社会大众参与和支持小微企业创新创业的强度都受到不同程度的减弱，如何扭转外部不确定性对社会大众参与和支持企业创新的积极性有待进一步研究破解。

三是营造宽容失败的社会氛围。企业创新是一个不断试错的过程，创新活动大多数时候意味着失败。若是一个国家有着强烈的成王败寇的思想，将会严重阻碍鼓励创新社会氛围的形成。因此，可以通过建立容错机制、保护企业家创新精神，宽容失败、奖励原始创新探索等方式，培育和营造支持企业创新的良好社会氛围。

第十四章　结论与建议

第一节　研究结论

一、关于我国的科技政策体系

通过梳理发现，我国的科技政策比较完善，且具有良好的体系，具有以下四个显著特征：

第一，政策类型丰富，政策深度强。从中长期科技发展规划、中长期社会发展规划，到短期指导意见，再到年度扶持政策，从法律到规章制度再到政府指导文件，等等，形成了丰富的科技政策体系。

第二，政策内容丰富，政策落地性强。科技政策支持企业研发和技术创新的内容包含技术创新的全链条、全流程，包括创新要素的流动、聚焦，技术研发、技术成果的孵化、市场应用与产业化，现有技术改造升级与技术及产业转移等；还包括落实地方政府主体责任、提供组织保障等，一切内容都围绕企业技术创新而开展。

第三，政策工具丰富，政策激励效果好。科技政策的政策工具与产业政策、公共政策的政策工具较为相似，主要包括财政补贴、税收优惠、银行贷款贴息、融资担保支持、高新区等特殊区域政策等。

第四，政策主管部门众多，层级体系完整。企业创新关系国家经济长治久安，是恒久不变的国家战略，得到了党和国家的高度重视。因此，中共中央、国务院作为党和国家最高层级的核心权力机构和国家行政机关，是国务院各部门制定科技政策的依据所在。发布科技政策最多且对企业创新活动支持力度最大的包括财政部、国家税务总局、央行、科技部、发改委、工信委等国务院部门；此外，省级政府和地市政府进一步配套国务院各部门政策要求的政策文件，对企业创新也非常重要。

二、关于科技政策驱动企业创新发展的激励效应

第一，基于财政政策、金融政策、技术政策、人才政策四个维度的科技政策能够激励企业增加研发投入、改善内部激励，从而提升企业的创新资源投入；第二，企业的研发投入和内部激励对企业的创新绩效具有显著的正向影响；第三，基于财政政策、金融政策、技术政策、人才政策四个维度的科技政策对企业的创新绩效具有显著的正向影响；第四，研发投入和内部激励在财政政策、金融政策、技术政策、人才政策等科技政策与企业创新绩效之间起完全中介效应。

三、关于人才政策驱动企业创新发展的激励效应

第一，政府的人才政策与企业内部激励显著正相关；第二，内部激励与企业经营绩效显著正相关；第三，人才政策与企业经营绩效显著正相关；第四，内部激励在人才政策与企业经营绩效之间发挥中介效应。这些证据表明，政府的人才政策不仅能够激励人才个人积极担当作为、发挥人才效应，还能够激励企业改善内部激励机制以吸引更多的人才，为人才发挥聪明才干营造氛围、创造环境和提供平台，从而促进企业经营绩效的提升。同时也表明，改善内部激励机制是政府人才政策对企业经营绩效发挥正向激励作用的中介机制。

四、关于管制政策驱动企业高质量发展的激励效应

第一，政府管制与会计师事务所效率存在显著负相关关系。由于受到政府管制更严，证券所比非证券所受管制措施实施的影响更大，效率损失更明显。第二，会计师事务所的内部治理对会计师事务所的效率存在显著的正向激励效应。成为合伙人是注册会计师最终职业目标，适度扩大合伙人的相对规模，能够促进合伙人和注册会计师发挥自主治理功能，从而促进会计师事务所的综合效率与资源配置效率。第三，会计师事务所内部治理能够正向调节政府管制所带来的效率损失。第四，相对于有限制，合伙制的组织形式更有利于提升会计师事务所的综合效率和资源配置效率。第五，会计师事务所规模与综合效率和配置效率显著负相关。第六，业务集中度高、过度依赖审计业务的会计师事务所的综合效率与资源配置效率更

低。第七，专业化程度越高，会计师事务所的综合效率和配置效率就越高。

五、关于科技政策驱动企业创新发展的路径机制

第一，科技政策对企业绩效具有正向激励效应，但在科技政策内部，财政政策、金融政策、技术政策和人才政策对企业绩效的正向促进作用存在差异，相比而言财政政策的促进作用更为明显。

第二，科技政策对企业研发投入具有正向激励效应。

第三，科技政策对企业组织激励具有正向激励效应。

第四，企业研发投入对企业绩效具有正向激励效应；企业组织激励对企业绩效具有正向激励效应。

第五，科技政策对企业绩效的正向激励效应，是分别通过研发投入和组织激励与高管薪酬的中介效应发挥作用的。

第六，少数民族地区的外部条件弱化了科技政策对企业创新的正向激励效应；同时，科技政策对企业绩效的正向影响并不是在不同企业性质、组织形式和行业之间存在显著差异。

第七，科技政策通过高管薪酬的中介路径，实现对企业创新正向激励的机制中，受到企业内部的管理层权力的正向调节。

六、关于科技政策驱动企业创新发展的内生动力机制

第一，得益于人力资本的高弹性和低成本性，高管及其团队和知识型员工等成员的人力资本，是欠发达地区（广西）科技型小微企业创新成长的内在驱动力和低成本的可持续创新资源，广西科技型小微企业要重用、善用重点人力资本投入，对广西科技型小微企业创新发展具有重要作用。

第二，在创新资源投入既定的前提下，科技型小微企业的风险承担、内部治理、内部控制等制度机制，对科技型小微企业创新成长具有决定性作用。

七、关于科技政策驱动企业创新发展的外生动力机制

外部创新资源是企业创新发展的重要支撑和动力源泉，构建合理的外部组织模式是企业获取更多更好的外部创新资源的路径选择；同时，不同发展阶段的企业外部组织模式需要采取差异化的创新战略。

第一，企业在创新发展过程中要构建恰当的外部组织模式。企业创新的外部组织模式一般包括独立创新和合作创新两种形式，前者是指企业不依靠外部力量，单纯依靠自身创新资源的技术创新组织模式；后者是指企业与供应商、零售商、大学研究机构、公共研究机构和政府相关部门甚至竞争对手进行合作，借助创新资源的互补性以提高技术创新绩效的技术创新外部组织模式。在短期内，产业整体技术创新水平是难以通过单个企业的技术创新来迅速提升的；在长期内，产业技术创新要求有更先进和更多样化的研发平台支持，这就需要企业充分重视技术创新组织模式的设计和战略选择。因此，技术创新外部组织模式的选择是提高企业技术创新绩效的关键因素。

第二，不同的企业创新外部组织模式需要匹配相应的创新战略。本书认为，种子期的企业采取"合伙"战略；初创期和成长期的企业采取"依附"战略；稳定期的企业采取"共生"战略；蜕变期的企业采取"整合"战略。

八、关于科技政策驱动企业创新发展的保障机制

第一，企业创新需要政府科技政策"扶持之手"的支持，是因为创新活动具有高不确定性和高风险性，降低了股东利益最大化目标实现的可能性；同时，由于创新资源的有限性，创新投入会挤压经理人投资于实现短期业绩目标所需要的经济资源，降低了经理人利益最大化目标实现的可能性。

第二，企业创新过程中之所以需要加强政府监管，是因为企业在面对政府各种科技政策"扶持之手"的激励面前存在机会主义行为，而且科技政策带来的创新资源可能挤出企业自身的创新资源投入；同时，加强对公共财政资金的监管是履行公共财政资金受托责任、确保公共财政资金有效配置的必然之举。

第三，企业与上游供应链之间进行跨组织协同创新，是企业创新风险和创新溢出最为重要的协同创新模式之一。

第四，企业与下游渠道链之间进行跨组织协同创新，是企业创新价值快速变现和价值传递的协同创新模式之一。

第五，企业创新发展需要社会资本、社会大众的参与和支持，更需要全社会对失败的包容与鼓励（宽容失败）。

九、关于研究的不足与改进的方向

第一，尽管我们深入广西科技厅、广西市场监督管理局等部门调研，但也无法获得比较全面的关于科技型小微企业的数据（这些部门没有建立相关数据库），以至于仅能依赖于小范围的问卷调查获取数据，部分研究借助于 A 股上市公司、市场中介服务企业（会计师事务所）等特殊数据，进一步检验科技政策影响企业成长与创新发展的路径机制。

第二，由于问卷调查数据的固有缺陷，我们在探讨科技政策作用于科技型小微企业成长与创新发展的机制研究过程中，仅探索了中介路径机制，对影响科技政策作用于科技型小微企业成长与创新发展的约束条件讨论不足，科技政策的有效性边界有待进一步探讨。

第二节 政策建议

一、对政策制定者的建议

通过研究，本书的研究结论对科技政策的制定者有如下启示和建议：

第一，从科技政策的有效性来看，本书的研究证据和结论支持科技政策的"有用性"结论，但又承认科技政策存在诸多外部约束条件，避免夸大科技政策的作用，为政策制定者继续实施科技政策提供经验证据支持。

第二，从科技政策的价值导向来看，科技政策应该侧重于支持和引导科技型小微企业加强内部机制建设和创新投入及行为，而非对市场准入和市场竞争行为进行限制与约束，因为对市场准入和市场竞争行为进行限制与约束的管制政策将导致企业经营效率的损失，从而降低了市场的整体社会福利。

第三，从科技政策的改进方向来看，支持科技型小微企业创新的科技政策如能增加获取财政补贴、税收优惠的约束性条款，如增加企业研发投入、改善企业内部激励机制和治理机制等，同时考虑不同地区所面临的创新资源和创新环境的差异，以推动企业加强内部建设、将外部政策实现内部转化，才能更好地发挥科技政策对科技型小微企业创新的正向激励效应。

第四，从科技政策的推广来看，政策制定者应加大科技政策的宣传力度，以引导更广泛的企业加强创新研发，同时也能提高企业对科技政策的感知度和满意度。

第五，从科技政策的管理来看，科技政策内容丰富、体系完整，对企业而言是好事，但也存在政出多门、多头管理和申请流程复杂等问题，制约科技政策真正惠及企业创新的广度和深度。

二、对广西科技企业的建议

第一，身处欠发达地区的广西科技型小微企业面临创新资金紧缺、债务融资困难的困境，只有重用并善用弹性大、获取成本低的人力资本，才能保证可持续的创新资源投入到高风险、高不确定性的创新活动中。

第二，资源要素投入既定的前提下，内部激励机制是企业创新产出的决定性因素。广西科技型小微企业只有不断加强和改善内部激励机制建设，才能在自主创新的大潮中保持生命力和竞争力。

第三，对于内部创新资源紧缺的广西科技型小微企业而言，要加快与上游供应链和下游渠道链构建创新协助网络，充分利用上下游价值链的创新资源，分摊风险、共享收益、协同创新。

第四，要尽快建立保护企业家创新才能和知识型科技人员原始创新探索的容错与奖励机制，在企业内部营造宽容失败的创新文化。

参考文献

曹阳，易其其，2018. 政府补助对企业研发投入与绩效的影响：基于生物医药制造业的实证研究 [J]. 科技管理研究 (1)：40-46.

曹允春，林浩楠，李彤，2020. 供应链金融创新发展下的风险变化及防控措施 [J]. 南方金融 (4)：36-44.

陈德球，步丹璐，2015. 管理层能力、权力特征与薪酬差距 [J]. 山西财经大学学报，37 (3)：91-101.

陈冬华，章铁生，李翔，2008. 法律环境、政府管制与隐性契约 [J]. 经济研究 (3)：60-72.

陈林，朱卫平，2008. 出口退税和创新补贴政策效应研究 [J]. 经济研究 (11)：74-87.

陈修德，梁彤缨，雷鹏，等，2015. 高管薪酬激励对企业研发效率的影响效应研究 [J]. 科研管理，36 (9)：26-35.

戴小勇，成力为，2013. 创新投入强度对企业绩效影响的门槛效应研究 [J]. 科学学研究 (11)：1708-1716.

邓飞，柯文进，2020. 异质型人力资本与经济发展：基于空间异质性的实证研究 [J]. 统计研究，341 (2)：95-106.

杜伟，杨志江，夏国平，2014. 人力资本推动经济增长的作用机制研究 [J]. 中国软科学 (8)：173-183.

樊春良，马小亮，2013. 美国科技政策科学的发展及其对中国的启示 [J]. 中国软科学 (10)：168-181.

方红星，金玉娜，2013. 公司治理、内部控制与非效率投资：理论分析与经验证据 [J]. 会计研究 (7)：63-69.

封颖，2017. 中国科技政策良好体现环境保护的影响因素研究 [J]. 科技进步与对策, 34 (19)：114-122.

冯海红, 曲婉, 李铭禄, 2015. 税收优惠政策有利于企业加大研发投入吗? [J]. 科学学研究, 33 (5)：27-35.

傅颀, 汪祥耀, 路军, 2014. 管理层权力、高管薪酬变动与公司并购行为分析 [J]. 会计研究 (11)：30-37.

葛新权, 2005. 技术创新与管理 [M]. 北京：社会科学文献出版社.

龚红, 李燕萍, 2010. 产业技术创新战略联盟研究综述及其最新进展 [J]. 中国科技产业 (7)：49-51.

郭捷, 齐央宗, 2017. 政策支持与技术创新绩效：基于民族地区的实证分析 [J]. 科研管理 (S1)：550-557.

郭玥, 2018. 政府创新补助的信号传递机制与企业创新 [J]. 中国工业经济 (9)：98-117.

郭钟泽, 谢宝国, 程延园, 2016. 如何提升知识型员工的工作投入?：基于资源保存理论与社会交换理论的双重视角 [J]. 经济管理, 38 (2)：81-90.

胡寄窗, 1988. 1870 年以来的西方经济学说 [M]. 北京：经济科学出版社.

黄凯南, 程臻宇, 2018. 制度经济学的理论发展与前沿理论展望 [J]. 南方经济 (11)：15-26.

黄庆华, 张芳芳, 陈习定, 2019. 高管短期薪酬的创新激励效应研究 [J]. 科研管理, 40 (11)：257-265.

江静, 2011. 公共政策对企业创新支持的绩效：基于直接补贴与税收优惠的比较分析 [J]. 科研管理, 32 (4)：1-8.

解维敏, 唐清泉, 陆姗姗, 2009. 政府 R&D 资助, 企业 R&D 支出与自主创新：来自中国上市公司的经验证据 [J]. 金融研究 (6)：86-99.

黎文靖, 郑曼妮, 2016. 实质性创新还是策略性创新?：宏观产业政策对微观企业创新的影响 [J]. 经济研究 (4)：60-73.

李柏洲, 尹士, 曾经纬, 等, 2020. 基于 SEM 和 B-Z 反应的集成供应链合作创新机制与动态演化研究：集成供应链关系质量视角 [J]. 中国管理科学 (2)：166-177.

李晨光, 张永安, 2015. 集群科技政策全要素关键路径及企业响应效果研究 [J]. 管理评论, 27 (2)：145-157.

李苗苗, 肖洪钧, 傅吉新, 2014. 财政政策、企业 R&D 投入与技术创新能

力：基于战略性新兴产业上市公司的实证研究 [J]. 管理评论，26
（8）：135-144.

李万福，杜静，2016. 税收优惠、调整成本与 R&D 投资 [J]. 会计研究
（12）：58-63.

李万福，杜静，张怀，2017. 创新补助究竟有没有激励企业创新自主投资：
来自中国上市公司的新证据 [J]. 金融研究（10）：134-149.

李维安，姜涛，2007. 公司治理与企业过度投资行为研究：来自中国上市
公司的证据 [J]. 财贸经济（12）：56-61.

李维安，李勇建，石丹，2016. 供应链治理理论研究：概念，内涵与规范
性分析框架 [J]. 南开管理评论，19（1）：4-15，42.

李云鹤，李湛，唐松莲，2011. 企业生命周期、公司治理与公司资本配置
效率 [J]. 南开管理评论，14（3）：110-121.

梁正，2017. 从科技政策到科技与创新政策：创新驱动发展战略下的政策
范式转型与思考 [J]. 科学学研究（2）：13-19.

刘峰，林斌，2000. 会计师事务所脱钩与政府选择：一种解释 [J]. 会计
研究（2）：9-15.

刘凤朝，孙玉涛，2007. 我国科技政策向创新政策演变的过程、趋势与建议：
基于我国 289 项创新政策的实证分析 [J]. 中国软科学（5）：34-42.

卢锐，魏明海，黎文靖，2008. 管理层权力、在职消费与产权效率：来自
中国上市公司的证据 [J]. 南开管理评论（5）：85-92.

卢太平，张东旭，2014. 会计师事务所运营效率影响因素研究：基于
DEA-Tobit 研究框架 [J]. 审计研究（1）：88-95.

陆瑶，张叶青，黎波，等，2020. 高管个人特征与公司业绩：基于机器学
习的经验证据 [J]. 管理科学学报（2）：120-140.

马歇尔，2005. 经济学原理 [M]. 廉运杰，译. 北京：华夏出版社.

毛其淋，许家云，2015. 政府补贴对企业新产品创新的影响：基于补贴强
度"适度区间"的视角 [J]. 中国工业经济（6）：94-107.

茆训诚，2009. 基于技术溢出效应和产品差异化视角的企业研发组织模式
动态选择研究 [J]. 上海经济研究（1）：3-12.

诺思，2014. 制度、制度变迁与经济绩效 [M]. 杭行，译. 上海：格致出
版社.

彭纪生，孙文祥，仲为国，2008. 中国技术创新政策演变与绩效实证研究：1978—2006 [J]. 科研管理，29（4）：134-150.

任曙明，吕镯，2014. 融资约束、政府补贴与全要素生产率：来自中国装备制造企业的实证研究 [J]. 管理世界（11）：10-23，187.

宋华，卢强，2017. 什么样的中小企业能够从供应链金融中获益：基于网络和能力的视角 [J]. 管理世界（6）：104-121.

苏皑，康鹏胜，陶向南，2020. 高管特征、吸收能力构建与创新绩效：基于高管特征差异程度的分析 [J]. 企业经济（2）：60-67.

孙慧，王慧，2017. 政府补贴、研发投入与企业创新绩效：基于创业板高新技术企业的实证研究 [J]. 科技管理研究（12）：111-116.

谭劲松，冯飞鹏，徐伟航，2017. 产业政策与企业研发投资 [J]. 会计研究（10）：58-64.

唐清泉，甄丽明，2009. 透视技术创新投入的机理与影响因素：一个文献综述 [J]. 科学学与科学技术管理（11）：75-80.

万建香，汪寿阳，2016. 社会资本与技术创新能否打破" 资源诅咒"?：基于面板门槛效应的研究 [J]. 经济研究（12）：76-89.

汪平，邹颖，黄丽凤，2014. 高管薪酬激励的核心重构：资本成本约束观 [J]. 中国工业经济（5）：111-123.

王惠，王树乔，苗壮，等，2016. 创新投入对绿色创新效率的异质门槛效应：基于中国高技术产业的经验研究 [J]. 科研管理，37（2）：63-71.

王俊，2010. R&D 补贴对企业 R&D 投入及创新产出影响的实证研究 [J]. 科学学研究，28（9）：1368-1374.

王清刚，胡亚君，2011. 管理层权力与异常高管薪酬行为研究 [J]. 中国软科学（10）：171-180.

王亚，洪卫青，刘峰，等，2016. 管制外溢效应下的监管博弈：基于同方股份换股与现金合并壹人壹本的案例分析 [J]. 南开管理评论，19（5）：4-15.

王咏梅，陈磊，2012. 中国会计师事务所生产率长期变化及其驱动因素实证研究 [J]. 会计研究（1）：51-57.

王勇，王小丽，2020. 制度环境、供应商集中度与企业研发创新产出：来自中国上市公司的经验证据 [J]. 工业技术经济（2）：37-46.

魏志华，赵悦如，吴育辉，2015. 财政补贴："馅饼"还是"陷阱"?：基于融资约束 VS. 过度投资视角的实证研究 [J]. 财政研究 (12)：18-29.

温忠麟，叶宝娟，2014. 中介效应分析：方法和模型发展 [J]. 心理科学进展，22 (5)：731-745.

吴溪，2001. 我国证券审计市场的集中度与注册会计师独立性 [J]. 中国注册会计师 (9)：14-16.

吴溪，陈梦，2012. 会计师事务所的内部治理：理论、原则及其对发展战略的含义 [J]. 审计研究 (3)：76-82.

吴延兵，2006. R&D 存量、知识函数与生产效率 [J]. 经济学 (季刊)，5 (4)：1129-1156.

希林，2005. 技术创新的战略管理 [M]. 谢伟，译. 北京：清华大学出版社.

夏宁，董艳，2014. 高管薪酬、员工薪酬与公司的成长性：基于中国中小上市公司的经验数据 [J]. 会计研究 (9)：91-97，99.

谢德仁，2001. 注册会计师行业管制模式的国际比较 [J]. 审计研究 (4)：36-42.

谢德仁，2002. 注册会计师行业管制模式：理论分析 [J]. 会计研究 (2)：12-20.

徐广林，林贡钦，2016. 公众参与创新的社会网络：创客文化与创客空间 [J]. 科学学与科学技术管理 (2)：11-20.

徐可，何桢，王瑞，2015. 供应链关系质量与企业创新价值链：知识螺旋和供应链整合的作用 [J]. 南开管理评论，18 (1)：108-117.

徐鹏，白贵玉，陈志军，2016. 知识型员工参与激励与创新绩效关系研究：组织公民行为的非线性中介作用 [J]. 科学学与科学技术管理，37 (5)：129-137.

徐悦，刘运国，蔡贵龙，2018. 高管薪酬黏性与企业创新 [J]. 会计研究 (7)：43-49.

徐喆，李春艳，2017a. 我国科技政策演变与创新绩效研究：基于政策相互作用视角 [J]. 经济问题 (1)：11-16.

徐喆，李春艳，2017b. 我国科技政策组合特征及其对产业创新的影响研究 [J]. 科学学研究 (1)：48-56.

许汉友，汤谷良，汪先娣，2008. 中国会计师事务所运营效率之 DEA 分析

［J］. 会计研究（3）：74-81.

严成樑，2012. 社会资本、创新与长期经济增长［J］. 经济研究（11）：48-60.

杨瑞龙，候方宇，2019. 产业政策的有效性边界：基于不完全契约的视角［J］. 管理世界（10）：82-94.

杨兴全，张照南，吴昊旻，2010. 治理环境、超额持有现金与过度投资：基于我国上市公司面板数据的分析［J］. 南开管理评论，13（5）：61-69.

杨洋，魏江，罗来军，2015. 谁在利用政府补贴进行创新？：所有制和要素市场扭曲的联合调节效应［J］. 管理世界（1）：75-88.

易琮，2002. 行业制度变迁的诱因与绩效：对中国注册会计师行业的实证考察［D］. 广州：暨南大学.

于李胜，王艳艳，2010. 政府管制是否能够提高审计市场绩效？［J］. 管理世界（8）：7-20.

余明桂，范蕊，钟慧洁，2016. 中国产业政策与企业技术创新［J］. 中国工业经济（12）：5-22.

俞红海，徐龙炳，陈百助，2010. 终极控股股东控制权与自由现金流过度投资［J］. 经济研究（8）：103-114.

张宝建，李鹏利，陈劲，等，2019. 国家科技创新政策的主题分析与演化过程：基于文本挖掘的视角［J］. 科学学与科学技术管理（11）：15-31.

张帆，孙薇，2018. 政府创新补贴效率的微观机理：激励效应和挤出效应的叠加效应：理论解释与检验［J］. 财政研究（4）：48-60.

张钢，王宇峰，2010. 知识密集型企业技术创新组织模式的演进：以美国制药产业为例［J］. 浙江大学学报（人文社科科学版）（12）：1-12.

张会丽，陆正飞，2012. 现金分布、公司治理与过度投资：基于我国上市公司及其子公司的现金持有状况的考察［J］. 管理世界（3）：141-150.

张杰，陈志远，杨连星，等，2015. 中国创新补贴政策的绩效评估：理论与证据［J］. 经济研究，50（10）：4-17，33.

张立民，唐松华，2008. 注册会计师审计的产权功能：演化与延伸：改革开放 30 年中国会计师事务所产权演变评析［J］. 会计研究（8）：3-10.

张楠，范洪敏，穆怀中，2020. 人力资本梯度升级的经济增长效应［J］. 人口与经济（2）：87-101.

张奇峰，2005. 政府管制提高会计师事务所声誉吗？：来自中国证券市场的

经验证据 [J]. 管理世界 (12): 14-23.

张同斌, 高铁梅, 2012. 财税政策激励、高新技术产业发展与产业结构调整 [J]. 经济研究 (5): 58-70.

张学平, 石琦, 2020. 高阶理论研究综述: 基于企业行为与作用机制视角 [J]. 财会通讯 (10): 9-15.

赵莉晓, 2014. 创新政策评估理论方法研究: 基于公共政策评估逻辑框架的视角 [J]. 科学学研究, 32 (2): 195-202.

中国企业家调查系统, 2015. 2015 中国企业家成长与发展专题调查报告 [J]. 管理世界 (6): 22-33.

中国注册会计师协会, 2016. 中国注册会计师行业发展报告 [M]. 北京: 中国财政经济出版社.

周燕, 潘遥, 2019. 财政补贴与税收减免: 交易费用视角下的新能源汽车产业政策分析 [J]. 管理世界 (10): 133-149.

周泽将, 马静, 胡刘芬, 2018. 高管薪酬激励体系设计中的风险补偿效应研究 [J]. 中国工业经济 (12): 152-169.

ALCHIAN A, DEMSETZ H, 1972. Production, information costs, and economic organization [J]. American economic review (5): 777-795.

ALLEN F, QIAN J, QIAN M, 2005. Law, finance, and economic growth in China [J]. Journal of financial economics, 77 (1): 57-116.

ANTONELLI C, CRESPI F, 2011. The "matthew effect" in R&D public subsidies: the italian evidence [J]. Technological forecasting & social change, 80 (8): 1523-1534.

APPUHAMI R, BHUYAN M, 2015. Examining the influence of corporate governance on intellectual capital efficiency [J]. Managerial auditing journal, 30 (4/5): 347-372.

BADERTSCHER B, JORGENSEN B, KATZ S, et al., 2014. Public equity and audit pricing in the United States [J]. Journal of accounting research, 52 (2): 303-339.

BANKER R D, CHANG H, NATARAJAN R, 2005. Productivity change, technical progress, and relative efficiency change in the public accounting industry [J]. Management science, 51 (2): 291-304.

BANKER R D, CHARNES A, COOPER W W, 1984. Some models for estimating technical and scale inefficiencies in data envelopment analysis [J]. Management science, 30 (9): 1078-1092.

BATES T W, 2005. Asset sales, investment opportunities, and the use of proceeds [J]. Journal of finance, 60 (1): 105-135.

BEBCHUK L A, FRIED J M, 2003. Executive compensation as an agency problem [J]. Journal of economics perspectives, 17 (1): 71-92.

BERTRAND M, MULLAINATHAN S, 2003. Enjoying the quiet life? Corporate governance and managerial preferences [J]. Journal of political economy, 111 (5): 1043-1075.

BILLETT M T, GARFINKEL J A, JIANG Y, 2011. The influence of governance on investment: evidence from a hazard model [J]. Journal of financial economics, 102 (3): 643-670.

BODDE D, MORRIS C, 1967. Law in imperial China [M]. Philadelphia, PA: University of Pennsylvania Press.

CHEFFINS B R, 2001. Does Law matter? The separation of ownership and control in the United Kingdom [J]. Journal of legal studies, 30 (wp172): 459-484.

CHENG M, DAN D, ZHANG Y, 2013. Does investment efficiency improve after the disclosure of material weaknesses in internal control over financial reporting? [J]. Journal of accounting & economics, 56 (1): 1-18.

COASE R H, 1988. The firm, the market, and the law [M]. Chicago: University of Chicago Press.

COSTINOT A, 2009. On the origins of comparative advantage [J]. Journal of international economics, 77 (2): 255-264.

DAMANPOUR F, 1996. Organization complexity and innovation [J]. Management science (5): 693-716

D'ASPREMONT C, JACQUEMIN A, 1998. Cooperative and non-cooperative R&D in duopoly with spillovers [J]. American economic review (78): 1133-1137.

DEFOND M L, FRANCIS J R, 2005. Audit research after sarbanes-oxley [J].

Auditing a journal of practice & theory, 24 (1): 5-30.

DITTMAR A, MAHRT-SMITH J, 2007. Corporate governance and the value of cash holdings [J]. Journal of financial economics, 83 (3): 599-634.

ESHLEMAN J D, LAWSON B, 2017. Audit market structure and audit pricing [J]. Social science electronic publishing [J]. Accounting horizons, 31 (1): 57-81.

FAMA E F, JENSEN M C, 1983. Separation of ownership and control [J]. Journal of law & economics, 26 (2): 301-325.

FRANKEL R M, JOHNSON M F, NELSON K K, 2002. The relation between auditors' fees for nonaudit services and earnings management [J]. The accounting review, 77 (1): 71-105.

GIROUD X, MUELLER H M, 2007. Does corporate governance matter in competitive industries? [J]. Journal of financial economics, 95 (3): 312-331.

GLAESER E L, SHLEIFER A, 2001. A reason for quantity regulation [J]. American economic review, 91 (2): 431-435.

GREENWOOD R, HININGS C R, BROWN J, 1990. "P2-Form" Strategic management: corporate practices in professional partnerships [J]. The academy of management journal, 33 (4): 725-755.

GREENWOOD R, LI S X, PRAKASH R, et al., 2005. Reputation, diversification, and organizational explanations of performance in professional service firms [J]. Organization science, 16 (6): 661-673.

HAGEDOORN J, 1995. Strategic technology partnering during the 1980s [J]. Research policy (24): 207-231

HALL P A, 1993. Policy paradigms, social learning, and the state: the case of economic policymaking in Britain [J]. Comparative politics, 25 (3): 275-296.

HERMALIN B E, WEISBACH M S, 1988. The determinants of board composition [J]. Rand journal of economics, 19 (4): 589-606.

HSIEH C T, KLENOW P J, 2009. Misallocation and manufacturing TFP in China and India [J]. Quarterly journal of economics, 124 (4): 1403-1448.

HUANG T C, CHANG H, CHIOU J R, 2016. Audit market concentration, audit fees, and audit quality: evidence from China [J]. Auditing a journal of practice & theory, 35 (2): 121-145.

JOHNSON S, BOONE P, BREACH A, et al., 2000. Corporate governance in the Asian financial crisis [J]. Journal of financial economics, 58 (1/2): 141-186.

KAMIEN, 1992. Research joint ventures and R&D cartels [J]. American economic review (5): 1293-1306

KNIGHT K, 1967. A descriptive model of in traffic innovation process [J]. The journal of business (4): 478-496

LAPORTA, RAFAEL, SHLEIFER, et al., 1999. Corporate ownership around the world [J]. The journal of finance, 54 (2): 471-517.

LEIBENSTEIN H, 1966. Allocative efficiency vs. "x – efficiency" [J]. The American economic review, 56 (3): 392-415.

LENNOX C, PITTMAN J, 2010. Auditing the auditors: evidence on the recent reforms to the external monitoring of audit firms [J]. Journal of accounting & economics, 49 (1): 84-103.

LIN C, LIN P, SONG F, 2010. Property rights protection and corporate R&D: evidence from China [J]. Journal of development economics, 93 (1): 49-62.

LYNALL, GOLDEN, HILLMAN, 2003. Board composition from adolescence to maturity: a multitheoretic view [J]. Academy of management review, 28 (3): 416-431.

MANE R S, 2012. Science, technology and innovation policy [J]. Current science, 103 (9): 975-976.

MICHAEL S C, PEARCE J A, 2009. The need for innovation is a rationale for government involvement in entrepreneurship [J]. Entrepreneurship & regional development, 21 (3): 285-302.

MILLER S M, UPADHYAY M P, 2000. The effects of openness, trade orientation, and human capital on total factor productivity [J]. Journal of development economics, 63 (2): 399-423.

MIYATA Y, 1996. An analysis of cooperative R&D in the United States [J].

Technovation (3): 12-13

NELSON M W, 2006. Response: ameliorating conflicts of interest in auditing: effects of recent reforms on auditors and their clients [J]. Academy of management review, 31 (1): 30-42.

NEZIH GUNER, GUSTAVO VENTURA, YI XU, 2008. Macroeconomic implications of size-dependent policies [J]. Review of economic dynamics, 11 (4): 721-744.

PALMROSE Z V, 2006. Maintaining the value and viability of independent auditors as gatekeepers under SOX: an auditing master proposal [J]. University of southern California, working paper: 103-135.

PIERCE J, DELBECQ A, 1977. Organization structure, individual attitudes and innovation [J]. The academy of management review (1): 27-37

PISTOR K, XU C, 2005. Governing stock markets in transition economies: lessons from China [J]. American law & economics review, 7 (1): 184-210.

PISTOR K, 2005. Governing emerging stock markets: legal vs administrative governance [J]. Corporate governance an international review, 13 (1): 5-10.

RESTUCCIA D, ROGERSON R, 2013. Misallocation and productivity [J]. Review of economic dynamics, 16 (1): 1-10.

RICHARDSON S, 2006. Over-investment of free cash flow [J]. Review of accounting studies, 11 (2-3): 159-189.

ROSENSTEIN S, WYATT J G, 1997. Inside directors, board effectiveness, and shareholder wealth [J]. Journal of financial economics, 44 (2): 229-250.

SCHOT J, 2014. Transforming innovation policy, keynote address at edges, horizons and transformations: the future of innovation policy [R]. London: The Royal Society of Art.

STIGLER G J, 1971. The theory of economic regulation [J]. Bell journal of economics & management science, 2 (1): 3-21.

TEECE D J, 1986. Profiting from technological innovation [J]. Research policy (6): 285-305.

VISCUSI W K, HARRINGTON J E, VERNON J M, 2005. Economics of regulation and antitrust [M]. 4th ed. Cambridge: Mit Press.

WANG Q, WONG T J, XIA L, 2008. State ownership, the institutional environment, and auditor choice: evidence from China [J]. Journal of accounting & economics, 46 (1): 112-134.

WILLIAMSON O E, 1975. Markets and hierarchies: analysis and antitrust implications: a study in the economics of internal organization [M]. New York: Free Press.

附录

附表 1　潜在变量、可测变量及其测量指标内涵与测量指标的主成分因子分析

潜在变量	可观测变量	具体指标内涵	具体指标符号	主成分特征值	方差贡献率	累计方差贡献率	主成分特征值大于1的因子各变量的因子得分	LR卡方检验	KMO	overall KMO	特征值大于1的因子各变量的解释度
政府的科技政策支持（TE_SU）	财政政策（T1）	①研究实验设备投资税前扣除	t1_1	6.717 4	0.839 7	0.839 7	0.135 7		0.966 7		0.911 8
		②对创新型企业实行减税或返还	t1_2	0.681 4	0.085 2	0.924 9	0.141 1		0.919 8		0.947 9
		③提取技术开发准备金制度	t1_3	0.185 4	0.023 2	0.948 1	0.140 1		0.927		0.941 3
		④技术转让收入减免制度	t1_4	0.127 9	0.016	0.964 1	0.140 4		0.877 3		0.943 3
		⑤对高增值产品进行增值税补偿	t1_5	0.101 9	0.012 7	0.976 8	0.135 8	1 479.77	0.872 9	0.909 3	0.911 9
		⑥帮助中小企业增加在政府采购合同中所占的比重	t1_6	0.088 1	0.011	0.987 8	0.133 4		0.910 2		0.896 2
		⑦扩大政府采购规模	t1_7	0.061 5	0.007 7	0.995 5	0.129 1		0.872 9		0.867 1
		⑧政府采购企业创新产品采用标准化的流程	t1_8	0.036 3	0.004 5	1	0.135 2		0.933 5		0.908 2
	金融政策（T2）	①优惠贷款（如提供长期贷款）	t2_1	3.729 2	0.932 3	0.932 3	0.259 7		0.802 1		0.968 4
		②贴息或免息贷款	t2_2	0.143 5	0.035 9	0.968 2	0.261 9	728	0.783 6	0.834 2	0.976 6
		③贷款担保	t2_3	0.091 1	0.022 8	0.991	0.256 6		0.691 9		0.957
		④优先贷款	t2_4	0.036 2	0.009	1	0.257 5		0.872 7		0.960 1
	技术政策（T3）	①企业创新项目的贷款担保或贷款贴息	t3_1	5.356 0	0.892 7	0.892 7	0.178 8		0.866 3		0.957 5
		②新产品开发或试制费用补贴	t3_2	0.219 7	0.036 6	0.929 3	0.178 2		0.881 0		0.954 3
		③技术创新基金资助	t3_3	0.204 1	0.034	0.963 3	0.178 8	1 075.12	0.935 8	0.898 7	0.957 7
		④技术改造专项补贴	t3_4	0.098 1	0.016 3	0.979 6	0.174 1		0.896 9		0.932 7
		⑤高新技术产业专项补助资金	t3_5	0.077 6	0.012 9	0.992 5	0.177 2		0.892 1		0.948 9
		⑥风险投资	t3_6	0.044 5	0.007 4	0.999 9	0.171 2		0.926 1		0.917 0

潜在变量	可观测变量	具体指标内涵	具体指标符号	主成分特征值	方差贡献率	累计方差贡献率	主成分特征值大于1的因子各变量的因子得分	LR卡方检验	KMO	overall KMO	特征值大于1的因子各变量的解释度
	人才政策（T4）	①人才引进政策	t4_1	2.838 2	0.946 1	0.946 1	0.338 6		0.842 8		0.960 9
		②人才培养政策	t4_2	0.119 6	0.039 9	0.986	0.342 6	489.07	0.746 1	0.743 8	0.972 4
		③人才激励与发展政策	t4_3	0.042 2	0.014 1	1.000 1	0.346 9		0.668 8		0.984 6
企业创新资源投入（RE_IN）	资金投入（R1）	对创新的资金投入数量和占比	r1	2.800 1	0.933 4	0.933 4	0.346 1		0.761		0.969 1
	研发人员（R2）	研究开发人员人数和占比	r2	0.109 0	0.036 3	0.969 7	0.344 9	412.85	0.784 4	0.781 6	0.965 7
	技术培训（R3）	对员工的技术培训支出	r3	0.090 9	0.030 3	1	0.344 1		0.800 9		0.963 5
企业组织激励（MO_IN）	制度激励（M1）	①提拔创新人员，鼓励创新人员参与管理	m1_1	2.822 2	0.940 7	0.940 7	0.341 9		0.809 3		0.965
		②有明确的权力约束机制，员工在规定内享有自主权	m1_2	0.113 2	0.037 7	0.978 4	0.346 7	446.85	0.711 5	0.769 4	0.978 4
		③提倡创新精神，领导鼓励员工尝试新工艺，开发新产品	m1_3	0.064 6	0.021 5	0.999 9	0.342 4		0.797 8		0.966 3
	精神激励（M2）	①提倡团队精神，选评并表彰创新先进团队	m2_1	2.777 6	0.925 9	0.925 9	0.344 3		0.817 9		0.956 4
		②提倡员工终身学习，为员工提升技能提供机会	m2_2	0.127 3	0.042 4	0.968 3	0.347 5	387.28	0.759 1	0.777 8	0.965 2
		③表彰创新先进个人并及时传播他们的事迹和经验	m2_3	0.095 1	0.031 7	1	0.347 4		0.760 3		0.965
	物质激励（M3）	①给技术骨干股权或期权	m3_1	2.810 3	0.936 8	0.936 8	0.342 7		0.806 6		0.963 1
		②研发人员的薪酬与其对创新的贡献程度相关	m3_2	0.118 9	0.039 6	0.976 4	0.347 4	431.22	0.715 5	0.770 5	0.976 3
		③对员工的创新成果归属权有明确规定	m3_3	0.070	0.023 6	1	0.343 1		0.798 5		0.964 1

附表1(续)

潜在变量	可观测变量	具体指标内涵	具体指标符号	主成分特征值	方差贡献率	累计方差贡献率	主成分特征值大于1的因子各变量的因子得分	LR卡方检验	KMO	overall KMO	特征值大于1的因子各变量的解释度
企业绩效(PR_OUT)	销售占比(P1)	①公司最近三年的平均销售额增长率	p1_1	1.874 4	0.937 2	0.937 2	0.516 5	167.07	0.5	0.5	0.968 1
		②公司最近三年平均的新产品销售额占总销售额的比重	p1_2	0.125 5	0.062 8	1	0.516 5		0.5		0.968 1
	利润占比(P2)	①公司最近三年的平均利润增长率	p2_1	1.912 6	0.956 3	0.956 3	0.511 3	206.61	0.5	0.5	0.977 9
		②公司最近三年平均新产品利润占公司总利润的比重	p2_2	0.087 4	0.043 7	1	0.511 3		0.5		0.977 9
	资产收益占比(P3)	①公司最近三年平均资产收益增长率	p3_1	1.910 9	0.955 4	0.955 4	0.511 5	202.66	0.5	0.5	0.977 5
		②公司最近三年平均新产品资产收益占总资产收益的比重	p3_2	0.089 1	0.044 6	1	0.511 5		0.5		0.977 5

附表2　潜在变量主成分因子分析

潜在变量	可观测变量	主成分特征值	方差贡献率	累计方差贡献率	特征值大于1的因子各变量的因子得分	LR卡方检验	KMO	Overall KMO	特征值大于1的因子各变量的解释度
政府的科技政策支持(TE_SU)	财政政策(T1)	3.604 1	0.901 0	0.901 0	0.264 8	589.53	0.882 8	0.839 2	0.954 4
	金融政策(T2)	0.212 2	0.053 1	0.954 1	0.263 4		0.813 1		0.949 1
	技术政策(T3)	0.118 9	0.029 7	0.983 8	0.268 8		0.795 2		0.968 7
	人才政策(T4)	0.064 8	0.016 2	1.000 0	0.256 4		0.877 5		0.924 1
企业创新资源投入(RE_IN)	资金投入(R1)	2.800 1	0.933 4	0.933 4	0.346 1	412.85	0.761 0	0.781 6	0.969 1
	研发人员(R2)	0.109 0	0.036 3	0.969 7	0.344 9		0.784 4		0.965 7
	技术培训(R3)	0.090 9	0.030 3	1.000 0	0.344 1		0.800 9		0.963 5
企业组织激励(MO_IN)	制度激励(M1)	2.694 2	0.898 1	0.898 1	0.353 1	325.52	0.743 1	0.758 3	0.951 2
	精神激励(M2)	0.197 0	0.065 7	0.963 8	0.356 3		0.709 8		0.959 8
	物质激励(M3)	0.108 9	0.036 3	1.000 0	0.345 8		0.839 4		0.931 7
企业绩效(PR_OUT)	销售占比(P1)	2.806 8	0.935 6	0.935 6	0.342 4	419.54	0.828 3	0.779 1	0.961 1
	利润占比(P2)	0.113 8	0.037 9	0.973 5	0.345 7		0.757 1		0.970 4
	资产收益占比(P3)	0.079 4	0.026 5	1.000 0	0.345 7		0.757 5		0.970 3

附表3 样本企业的行业分布

行业	样本量/个	百分百/%	累计百分比/%
木材加工	34	29.06	29.06
农产品加工	3	2.56	31.62
食品加工	3	2.56	34.18
饲料加工	5	4.27	38.45
塑料加工	1	0.85	39.30
服装	4	3.42	42.72
制鞋	5	4.27	46.99
电力设备	1	0.85	47.84
电子信息	3	2.56	50.4
机械	13	11.11	61.51
造船	1	0.85	62.36
钢铁	1	0.85	63.21
汽车制造	4	3.42	66.63
建材	6	5.13	71.76
新材料	4	3.42	75.18
化工	8	6.84	82.02
生物制造	2	1.71	83.73
医药制造	3	2.56	86.29
房地产	1	0.85	87.14
批发零售	7	5.98	93.12
商业服务	6	5.13	98.25
环保	2	1.75	99.96
合计	117	100	—

附表 4　调查问卷

第一部分　基本问题

企业性质	□国有独资　□国有控股　□民营
组织形式	□有限责任制　□股份制　□合伙制　□其他
最近一年总资产/万元	
最近一年营业收入/万元	
最近一年员工人数	
是否获得被授权的知识产权	□是　□否（如果选择"是"，请进一步选择知识产权的类型）
	请选择知识产权的类型：□发明专利　□实用新型专利　□软件著作　□商标　□行业标准
近三年是否获得政府财税政策的支持	□是　□否
近三年是否获得政府金融政策的支持	□是　□否
近三年是否获得政府技术政策的支持	□是　□否
近三年是否获得政府人才政策的支持	□是　□否
所属行业	

第二部分　核心问题

一级问题	二级问题	三级问题	具体评价				
政府的技术创新支持	财政政策	①研究实验设备投资税前扣除	□非常不满意	□比较不满意	□一般	□比较满意	□非常满意
		②对创新型企业实行减税或返还	□非常不满意	□比较不满意	□一般	□比较满意	□非常满意
		③提取新技术开发准备金制度	□非常不满意	□比较不满意	□一般	□比较满意	□非常满意
		④技术转让收入减免税	□非常不满意	□比较不满意	□一般	□比较满意	□非常满意
		⑤对高增值产品进行增值税补偿	□非常不满意	□比较不满意	□一般	□比较满意	□非常满意
		⑥帮助中小企业增加在政府采购合同中所占的比重	□非常不满意	□比较不满意	□一般	□比较满意	□非常满意
		⑦扩大政府采购规模	□非常不满意	□比较不满意	□一般	□比较满意	□非常满意
		⑧政府采购企业创新产品采用标准化的流程	□非常不满意	□比较不满意	□一般	□比较满意	□非常满意
	金融政策	①优惠贷款（如提供长期贷款）	□非常不满意	□比较不满意	□一般	□比较满意	□非常满意
		②贴息或免息贷款	□非常不满意	□比较不满意	□一般	□比较满意	□非常满意
		③贷款担保	□非常不满意	□比较不满意	□一般	□比较满意	□非常满意
		④优先贷款	□非常不满意	□比较不满意	□一般	□比较满意	□非常满意
	技术政策	①企业创新项目的贷款担保或贷款贴息	□非常不满意	□比较不满意	□一般	□比较满意	□非常满意
		②新产品开发或试制费用补贴	□非常不满意	□比较不满意	□一般	□比较满意	□非常满意
		③技术创新基金资助	□非常不满意	□比较不满意	□一般	□比较满意	□非常满意
		④技术改造专项补贴	□非常不满意	□比较不满意	□一般	□比较满意	□非常满意
		⑤高新技术产业专项补助资金	□非常不满意	□比较不满意	□一般	□比较满意	□非常满意
		⑥风险投资	□非常不满意	□比较不满意	□一般	□比较满意	□非常满意
	人才政策	①人才引进政策	□非常不满意	□比较不满意	□一般	□比较满意	□非常满意
		②人才培养政策	□非常不满意	□比较不满意	□一般	□比较满意	□非常满意
		③人才激励与发展政策	□非常不满意	□比较不满意	□一般	□比较满意	□非常满意

第二部分　核心问题

一级问题	二级问题	三级问题	具体评价				
企业创新资源投入	资金	对创新的资金投入数量和占比	□非常不满意	□比较不满意	□一般	□比较满意	□非常满意
	研发人员	研究开发人员人数和占比	□非常不满意	□比较不满意	□一般	□比较满意	□非常满意
	技术培训	对员工的技术培训支出	□非常不满意	□比较不满意	□一般	□比较满意	□非常满意
	制度激励	①提拔创新人员，鼓励创新人员参与管理	□非常不满意	□比较不满意	□一般	□比较满意	□非常满意
		②有明确的权力约束机制，员工在规定内享有自主权	□非常不满意	□比较不满意	□一般	□比较满意	□非常满意
		③提倡创新精神，领导鼓励员工尝试新工艺、开发新产品	□非常不满意	□比较不满意	□一般	□比较满意	□非常满意
企业组织激励	精神激励	①提倡团队精神，选评并表彰创新先进团队	□非常不满意	□比较不满意	□一般	□比较满意	□非常满意
		②提倡员工终身学习，为员工提升技能提供机会	□非常不满意	□比较不满意	□一般	□比较满意	□非常满意
		③表彰创新先进个人并及时传播他们的事迹和经验	□非常不满意	□比较不满意	□一般	□比较满意	□非常满意
	物质激励	①给技术骨干股权或期权	□非常不满意	□比较不满意	□一般	□比较满意	□非常满意
		②研发人员的薪酬与其对创新的贡献程度相关	□非常不满意	□比较不满意	□一般	□比较满意	□非常满意
		③对员工的创新成果归属权有明确规定	□非常不满意	□比较不满意	□一般	□比较满意	□非常满意
企业绩效	销售占比	①公司最近三年的平均销售额增长率	□非常不满意	□比较不满意	□一般	□比较满意	□非常满意
		②公司最近三年新产品销售额占公司总销售额的比重	□非常不满意	□比较不满意	□一般	□比较满意	□非常满意
	利润占比	①公司最近三年的平均利润增长率	□非常不满意	□比较不满意	□一般	□比较满意	□非常满意
		②公司最近三年平均新产品利润占公司总利润的比重	□非常不满意	□比较不满意	□一般	□比较满意	□非常满意
	资产收益占比	①公司最近三年平均资产收益增长率	□非常不满意	□比较不满意	□一般	□比较满意	□非常满意
		②公司最近三年平均新产品资产收益占公司总资产收益的比重	□非常不满意	□比较不满意	□一般	□比较满意	□非常满意

后记

　　发展是第一要务，人才是第一资源，创新是第一动力。科技政策作为激励人才主动作为、驱动企业创新发展的重要政策工具，在理论界和实务界都得到了广泛的认可。但是，科技政策在实施过程中缺乏相应的弹性，不同地区不能根据地方实际能力条件加以调整，从而降低了科技政策的实际激励效应。在我们的调研访谈过程中，企业和地方政府的代表也表示，国家层面的科技政策对欠发达地区的企业而言或门槛太高，或标准太严、要求太苛刻，从而降低了该地区企业积极向达标科技政策要求方向努力的可能性。因此，进一步深入研究科技政策在不同地域的适用性和激励效应，在理论上找到科技政策发挥最大效用的平衡点，将是我们未来研究的方向之一。

　　最后，感谢为本书提供帮助和便利的贵港市、桂林市有关部门，为我们探究科技政策如何影响传统行业企业创新绩效提供机会；感谢广东省注册会计师协会提供会计师事务所方面更微观的数据，为我们探究外部政策如何影响市场中介服务企业绩效提供机会。

　　限于写作时间和作者水平，本书难免有所疏漏，不足之处还请专家读者批评指正。

作者

2023 年 03 月 22 日·菜园